... in die Jahre gekommen

…in die Jahre gekommen

Wohnungsbauten von gestern heute gesehen

herausgegeben von Wilfried Dechau

db
das
buch

DVA

db – das buch,
Buchreihe der Zeitschrift db – deutsche bauzeitung
Herausgegeben von Ursula Baus und Wilfried Dechau

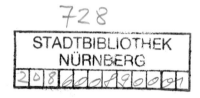
Die Deutsche Bibliothek – CIP-Einheitsaufnahme

… in die Jahre gekommen : Wohnungsbauten von gestern
heute gesehen / hrsg. von Wilfried Dechau. –
Stuttgart : Deutsche Verlags-Anstalt, 1996
(db – das buch)
ISBN 3-421-03123-1
NE: Dechau, Wilfried [Hrsg.]

© 1996 Deutsche Verlags-Anstalt GmbH, Stuttgart
Alle Rechte vorbehalten
Lektorat: Renate Jostmann
Umschlagentwurf: Karl-Heinz Volz
Satz: Dorner GmbH
Druck und Bindung: Jütte Druck, Leipzig
Printed in Germany
ISBN 3-421-03123-1

Inhalt

Wilfried Dechau

Zeit sichtbar machen

Unter der Überschrift »…in die Jahre gekommen« wurde in der db 1988 eine neue Rubrik begonnen, in der seither jeden Monat ein möglichst zum Heftthema passendes, in die Jahre gekommenes Gebäude wiederbesucht wird, um »seine heutige Wirkung, Nutzung und Funktion zu den ursprünglichen Maßstäben und Kriterien ins Verhältnis setzen zu können«.[1]

1 db 1/88, Seite 9

Entstanden ist die Serie aus dem Unbehagen darüber, daß Architektur in Büchern genauso wie in Zeitschriften in aller Regel nur im jungfräulichen Zustand vorkommt. Auf die Darstellung des Prozeßhaften, also des Bauens und Benutzens, wird meist verzichtet. Die Dimension Zeit wird vernachlässigt, obwohl doch erst sie ermessen läßt, ob und wie die an ein Gebäude geknüpften Erwartungen erfüllt werden – oder ob es darüber hinaus gar ganz andere Qualitäten der Nutzung eröffnet hat, die gar nicht intendiert waren.

Der Zeitrahmen, den wir setzten, ist so bemessen, daß der Blick auf den Gehalt der Sache (des Bauwerks) nicht mehr durch den (oberflächlichen) Glanz des Neuen verstellt wird. Bei einer Nutzungsdauer von gut zwanzig bis dreißig Jahren kann man damit rechnen, daß ein Gebäude erste Nutzungsänderungen und Modernisierungswellen bereits hinter sich hat oder – schlimmer noch – hat über sich ergehen lassen müssen. Im Volksmund gibt es für diesen Status den sehr klaren, wenngleich schonungslosen Begriff: »Der Lack ist ab.«

Für viele Gebäude ist dies der unsicherste Zwischenzustand, die schwierige Periode der Bewährung als Gebrauchsgegenstand. Längst aus dem Mittelpunkt öffentlichen Interesses gerückt – weil nicht mehr brandneu und umjubelt – wird ihr Wert oft verkannt. Um so wichtiger ist es, den Wiederbesuch eines Gebäudes nicht für oberflächliche Häme zu mißbrauchen. Bauschäden zum Beispiel – so spektakulär sie im Einzel-

2 db 1/88, Seite 12
3 db 1/88, Seite 9

fall auch sein mögen – können nur *ein* Kriterium sein, »im Zusammenhang dieser Serie wohl nur ein nachrangiges, denn in erster Linie geht es uns um die Analyse all dessen, was Bestand hatte, sowohl materiell als auch immateriell, und nicht um das Gegenteil.

Um das ein wenig besser vorstellbar zu machen, hier ein paar mögliche Kriterien:
– Hat sich ein Material bewährt?
– Ist es in Ehren alt geworden?
– Wurden Nutzungen geändert?
– Hat der Architekt im Laufe der Zeit den Werdegang des Bauwerks kritisch verfolgt?
– Was sagen der Bauherr und Nutzer heute?
– Waren Änderungen erforderlich?
– Wurde dafür der Architekt zu Rate gezogen?
– Wie beurteilt der Hausmeister sein Gebäude?
Es soll nicht in jedem Heft nach einer so langen Liste vorgegangen werden. Aus dem jeweiligen Bau und seiner heutigen Situation werden sich die spezifischen Kriterien ergeben.«[2]

In jedem Fall aber sollte und soll es jeweils um solche Bauten gehen, an die man sich noch erinnert, die also in ihrer Entstehungszeit so bekannt gewesen sind, daß man neugierig ist zu erfahren, was wohl aus dem damals hoch gelobten, gefeierten oder wenigstens beifällig goutierten Bau geworden ist. Von wenigen Ausnahmen und ein paar exotischen Sonderfällen abgesehen, haben wir uns im Laufe der Jahre an diese Vorgaben gehalten (zwei »Exoten« finden sich in diesem Buch wieder, nämlich das Thema »Nissenhütte«, Seite 111, und »Christiania«, der 1971 in Kopenhagen gegründete Freistaat der Blumenkinder, Seite 72).

Mittlerweile ist die Rubrik ». . . in die Jahre gekommen« selbst in die Jahre gekommen. Zeit für ein Resumée – immerhin hat sich inzwischen ein Fundus von mehr als hundert Beiträgen zu vielen wichtigen Bauten der fünfziger und sechziger Jahre angesammelt. Zeit auch für die selbstkritische Frage, ob die damals daran geknüpfte Erwartung nicht doch zu vollmundig formuliert war: »Als wichtigstes Ergebnis der gesamten Serie hoffen wir, herausarbeiten zu können, wie man bereits beim Entwurf darauf hinwirken kann, daß ein Gebäude ›in Ehren alt werden‹ kann.«[3]

1   2

Wir haben uns schon bei der Einführung der Serie nicht der Illusion hingegeben, der Blick zurück könne in Zukunft alle Planungsfehler a priori vermeiden helfen. Eine solche Erwartung wäre auch fatal – würde sie doch bedeuten, dem ausschließlichen Pragmatismus das Wort zu reden. Die Möglichkeit, auch aus Probeläufen avantgardistischer Ideen zu lernen, ist aber außerordentlich wichtig – egal, ob diese positiv oder wie im Fall Metastadt Wulfen (Bild 1, 2) katastrophal verlaufen. Bei den Erwartungen, die 1972 (nicht nur seitens des Architekten) an das Experiment geknüpft wurden, wäre auch niemand ernstlich darauf gekommen, den Versuch etwa nicht zu wagen. Im Spiegel hieß es »Zukunftschance des Bauens aufgetürmt – anzusehen wie ein Stück vorweggenommener Utopie«. Die Süddeutsche Zeitung nannte die Metastadt »ein grandioses urbanistisches Experiment« und in der Zeitschrift »zuhause« war zu lesen: »Konsequente Industrialisierung: Monteure ersetzen Maurer, Schrauben ersetzen Mörtel, Schraubenschlüssel die Kelle – oder den Preßlufthammer, denn auch die Demontage ist vorgeplant, ...«

Dennoch wurde die Metastadt Wulfen 1987 nicht demontiert, sondern schnöde abgerissen. Aber es wäre altklug zu behaupten, man hätte, das Scheitern vorhersehend, den Versuch gar nicht erst starten sollen. Mit seiner Randnotiz »Merke: Nicht nur Architektur ist zeitverhaftet, die Architekturkritik ist es auch.« traf Wolfgang Pehnt den Kern (der Ausriß auf dem Buchtitel zeigt genau jene Stelle aus seinem Artikel).[4]

1, 2   Metastadt, Wulfen (Architekt: Richard J. Dietrich)
1   Noch wird an der Metastadt gebaut und montiert (1974), ...
2   ... aber 1987 wurde nicht demontiert, sondern schlicht abgerissen. Die auf 10 Millionen Mark geschätzte Sanierung des Experimentes konnte sich niemand mehr leisten

4   Wolfgang Pehnt hatte sich 1988 – auf Anregung der db – auf das Abenteuer eingelassen, einen eigenen, 1970 über »Neue deutsche Architektur« verfaßten Text noch einmal kritisch abzuklopfen. Nachzulesen in db 1/88, Seite 19–34

Sich vorzustellen, ob das, was man als Idee im Moment so einleuchtend und überzeugend empfindet, auch in zwanzig oder dreißig Jahren noch Bestand haben wird, kann nur begrenzt gelingen – die Projektion bleibt immer im Heute befangen und gefangen. Nichts wird für die Ewigkeit gebaut, und kein Entwurf kann immer und ewig allen erdenklichen Anforderungen genügen. Um für zukünftige Entwicklungen gewappnet zu sein und diese möglichst bei der Planung schon zu antizipieren, kann der Blick zurück unter der Überschrift »...in die Jahre gekommen« nur ein Hilfsmittel unter anderen sein, keinesfalls eine Absicherung. Aber vielleicht trägt er jeweils dazu bei, die an einen Entwurf geknüpften Erwartungen eine Nuance bescheidener zu formulieren. Damit wäre schon viel erreicht.

Vom Konzept her hatte die Überschrift »...in die Jahre gekommen« zunächst kaum etwas mit dem Denkmalschutz zu tun. Der Zeitraum war bewußt so gewählt worden, daß die wiederbesuchten Gebäude noch nicht in den gesicherten, geschützten Status eines Denkmals erhoben sind. Aber weil die Serie im »Niemandsland« zwischen Gebrauchsarchitektur und Architekturgeschichte angesiedelt ist, kam unsere Arbeit immer wieder mit dem Denkmalschutz in Berührung. Die Redaktion der db wurde daher 1996 für die Serie »...in die Jahre gekommen« mit dem Deutschen Preis für Denkmalschutz ausgezeichnet.

Christiane Meixner

Das andere Viertel
Wohnquartier Seeberg-Nord in Köln-Chorweiler (1966–1973)

Der Blick ist mißtrauisch, das Gespräch im kleinen Hinter-
zimmer der Chorweiler Selbsthilfe e. V. zäh. Denn eigentlich
geben die Drahtzieher des 1976 gegründeten Vereins keine
Interviews mehr. Zu häufig hat man ihnen die Sätze verdreht
und ihre Kritik am eigenen Stadtteil derart verkürzt zitiert, daß
am Ende fast aller Artikel und mindestens zweier TV-Repor-
tagen dasselbe schiefe Bild stand: Chorweiler, der unwürdige
Trabant vor den Toren Kölns; ein Moloch, den man ausge-
sperrt hat und der – beste expressionistische Großstadtmeta-
pher – als gefräßiges Ungeheuer seine Bewohner leibhaftig
verschlingt.

Dabei leben heute nicht einmal halb so viele Menschen hier,
wie 1957 von Rudolf Schwarz avisiert: 100 000 Zukunftsbür-
ger sollten »die Gartenstadt am Frühlinger See« bevölkern.
Was sich einst mit Kaufhäusern, Handwerkern und Büros zum
»Selbstversorger« emanzipieren sollte, geriet schon bald nach
den stolzen Anfängen ins Stocken.

Bis 1969 war Chorweiler nicht einmal per Straßenbahn mit
dem Kölner Zentrum verbunden und daher ein mehr isolierter
denn autarker Trabant. Ein Hoch auf das Automobil also, das
fernab der städtischen Infrastruktur unverzichtbar blieb.

Dennoch sind viele der ersten Bewohner geblieben. Ihnen
ist die Erinnerung an jene »Phase Eins« zur Pionierzeit geron-
nen. Echten Chorweilern wie Inge Weiler, dank einer ABM-
Stelle in der Selbsthilfe engagiert, fällt es schwer, die vertraute
Umgebung zu verdammen: »Wissen'se, man kann nich
zwanzig Jahre hier wohnen und sagen: ach, das ist alles so
schrecklich hier.«

Schließlich besitzt die kleine Urgemeinde letztlich fast dörfliche Strukturen. Man kennt sich, trifft sich bei Karstadt, im
eben sanierten Einkaufszentrum oder auf einer von drei Pfla-

1, 2 Abschied vom
Gigantismus: Gottfried
Böhms Quartiersgasse
fand zum Maßstab tra-
ditioneller Schwellen-
bereiche zurück; Alten-
wohnungen, heute
und 1973

1

sterwüsten namens Londoner, Pariser und Liverpooler Platz. Denen haben nicht einmal die Schönheitskuren der Gesellschaft für Stadterneuerung (GfS) urbanes Leben einhauchen können: Seit 1989 läßt die GfS Mosaiken, grüne Lauben und Spielplatzoasen wachsen und hat – den blühenden Kräutergarten und ein Anwohner-Café ausgenommen – gerade einmal an der öden Oberfläche gekratzt.

Doch trotz der vielen Hochhäuser, die ohne erkennbare

2

Struktur aus der Erde geschossen sind, trotz trister Fassaden und kinderfeindlicher 24 Geschosse, die seit jeher dazu provozieren, Bedürfnisse im Aufzug zu erledigen, lokalisiert die Selbsthilfe das Problem an anderer Stelle. Es herrscht Einigkeit über die Missetäter, die Schuld am Ruf des künstlichen Riesen und seiner konstanten Sozialmisere tragen: die Stadt, der Bund, die Verantwortlichen der hiesigen Belegungspolitik.

Nach 1985, als in Chorweiler knapp 500 Sozialwohnungen leerstanden, rückte die Stadt sechs Jahre lang von der Zwangszuweisung ab, ließ jeden Interessenten hier einziehen und preiswert wohnen. Selten, sinniert Fred Knirfel als Mann der Gewerkschaft mit langer Erfahrung in der Chorweiler Selbsthilfe, sei das Nebeneinander friedlicher gewesen. Mit der drastischen Verknappung des Wohnraums Anfang der neunziger Jahre habe man die Leute dann wieder nach Chorweiler gezwungen. Konflikte sind vorprogrammiert.

3 Treffpunkt Treppen-
turm? Fehlanzeige. Der
dicht umbaute Platz
ist ohne Leben; hinten
der Viertelkreis mit
der Arkade

3

Kein Zweifel: Die Satellitenstadt, zu neunzig Prozent aus Mitteln des Sozialen Wohnungsbaus errichtet, ist ein Kellerkind der Kölner Politik. Das aber war sie schon in den frühen Jahren, obgleich der Rat der Stadt noch 1968 die Parole »Weltstadt statt Weltdorf« ausgegeben und einen von zahlreichen Innovationsschüben beschlossen hatte.

Dennoch bastelten SPD und CDU zur selben Zeit an kleineren Wohnprojekten, die schnelle Erfolge für die nahe Kommu-

4

nalwahl versprachen. Als Folge dieser ungebündelten Interessen sickerten die finanziellen Mittel für den Kölner Gigantbau vorerst in andere Kanäle: Die anfangs euphorisch bejubelte »Neue Stadt« drohte ein Torso zu bleiben. Da half auch ein erneuter Anlauf nicht. Höher und dichter, befand Werner Baecker als Beigeordneter des Rates ebenfalls 1968, solle in Zukunft gebaut werden. Die begonnenen Einfamilienhäuser rund um Chorweiler seien »zwar sehr nett, aber von dieser Form müssen wir uns trennen«. An einem Modell demonstrierte Baecker denn auch gleich die Vorzüge dreißiggeschossiger Hochhausscheiben: »Sie werden feststellen, daß eine Wandlung eintreten wird.«

Tatsächlich hat sich das Bild gründlich gewandelt. Exakt die kleinen, am Rande gelegenen Häuser zählen zu den favorisierten Wohnperspektiven. Auch Knirfel, der seit Jahrzehnten für die Mieter der Hochhauskomplexe streitet und dabei völlig im komplizierten Fünf-Stufen-Förderprogramm der Stadt aufgeht, lebt ungleich attraktiver im angrenzenden Seeberg und würde »um nichts in der Welt« in die Chorweiler Nachbarschaft wechseln.

So folgt man neugierig der geschwungenen Brücke ins andere Viertel und stellt fest, daß selbst Seebergs Norden über einigen Charme verfügt, obgleich er ab den späten sechziger Jahren ebenfalls als Teil der Neuen Stadt entstand. Den Eindruck verdankt das Viertel zum Teil der niedrigen Bebauung wie auch dem üppigen Grün, das sich in zwei Jahrzehnten barmherzig über einige architektonische Mängel gelegt hat.

Zum anderen harrt am Ende der gepflasterten Gasse ein Beton-Ensemble von Gottfried Böhm, das einen mit vielen Sünden der Umgebung zu versöhnen sucht.

Schon das Bebauungskonzept, 1966/67 von Fritz Lill mit den befreundeten Architekten Fritz Schaller und Böhm erarbeitet, unterlief den städtischen Plan. Statt der avisierten Blockrandbebauung entlang einer Fußgängerstraße, die Gestaltungsprinzip der gesamten Siedlung werden sollte, setzte man nun auf kleinere, weniger schematisierte Gebäudezeilen. Jeder der Architekten war für einen Gebäudekomplex verantwortlich. Doch während Lill und Schaller ihre Projekte alsbald realisieren konnten, brauchte Böhm allein zwei Jahre, um den finanziellen Rahmen seines Quartiers für den Sozialen Wohnungsbau neu abzustecken: Seine Planung war schlicht teurer als die übrigen subventionierten Bauten.

Es fällt auf, wie wenig Böhm sich um das Auto und dessen asphaltierte Wege rings um sein Ensemble schert: Von der Erschließungsstraße ist das Parkdeck der Siedlung ebenerdig anzufahren. In den großzügig miteinander verbundenen Gängen und Höfen der Siedlung in unregelmäßiger L-Form unterbleibt jeder Sichtkontakt zum Auto.

Statt dessen konzentriert sich der Blick auf die scharfen Einschnitte in den Gebäudetrakten mit ihrem eigenwilligen Licht- und Schattenspiel. Während die Häuserfront zur Straße mit überwiegend glatten Wänden und tiefen Fenster- wie

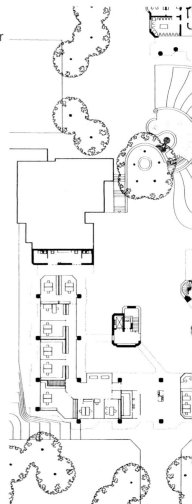

5 Grundriß der Gesamtanlage, M 1:1000. Die Übererschließung ist geblieben; das Schwimmbad wird heute als Lager genutzt

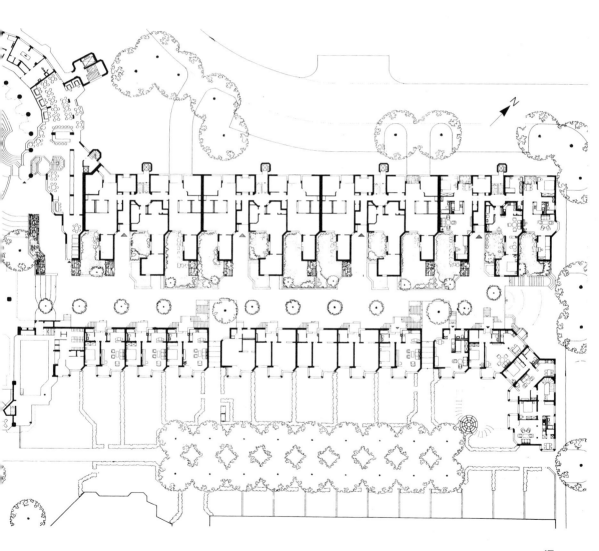

Balkonbuchten reagiert, wölbt sich die Architektur zum Platz hin, spielt mit Durchgängen zwischen polygonalen Säulen, Kolonnaden, getreppten Fensterbändern und, vor allem, der lebhaften Oberfläche des rauh geschalten Sichtbetons mit seinen skulpturalen Qualitäten.

Die Stufen der Fassaden, deren scharfe Kanten sämtlich abgeschrägt sind, tauchen in der Hofgestaltung wieder auf. Hier sorgen flache, halbkreisförmige Treppen für einen allmählichen Aufstieg vom Fußgängerweg hin zum Quartierszentrum, das in dem Platz am aufgeständerten Ärztehaus und einem wuchtigen Treppenturm gipfelt (Bild 4). Letzteres ist über Brücken mit den Laubengängen der sechsgeschossigen Häuser verbunden, die zugleich den rückwärtigen Hofabschluß bilden. Wer die leuchtend roten Metallstreben entlang der Lauben- und Treppengänge sieht, die noch einmal von senkrechten Stahlrohren gegliedert werden, versteht den Spitznamen »Affenkäfig«, mit dem die Böhmsche Siedlung in Chorweiler schon nach kurzer Zeit bedacht wurde. Weißgefaßte Fensterlaibungen, Türrahmen und Balkone sowie rote Fensterrahmen geben den Häusern eine kleinteilige, fast dörfliche Gliederung. Vom Platz aus geht es links zum langgestreckten Teil der L-Form, jenem Teil, der rechterhand flache Appartements mit schmalen Dachterrassen (Bilder 1, 2) und links fünf- bis siebengeschossige Häuserzeilen mit auskragenden Vorgärten und Balkonen bietet.

Was von außen wie eine Trutzburg wirkt, entfaltet nach innen ein offenes, kommunikatives Zentrum für seine Bewohner. Die Balkone der höchsten Gebäude sind auf den steinernen Platz und auf die rotgestreiften Laubengänge ausgerichtet. Großzügige Fensterfronten im Erdgeschoß deuten die geplanten, dazugehörigen Läden an. Eingezogen sind ein türkischer Basar und eine Kneipe, die sich einfühlsam »Zum Treppchen« nennt. Die übrigen Schaufenster füllen Logos der Allgemeinen Aachener, der die Siedlung noch immer gehört. Der winzige Spielplatz rechts am Rand lädt höchstens Hunde ein, und auf dem oberen Plateau zeigt sich kein Mensch. Aus Böhms kleinem Schwimmbad, das nie in Betrieb genommen wurde, ist im März 1990 eine Fahrradwerkstatt der Chorweiler Selbsthilfe e. V. geworden, die das Becken unter der neugezogenen Betondecke als Stauraum für ausrangierte Räder nutzt.

Die Böhmsche Idee war eigentlich ein spannendes Konzept. Daß es von den Bewohnern wie den Nachbarn nur mäßig akzeptiert wird und man sich über solche Besucher amüsiert, die »das Ding von allen Seiten knipsen«, liegt bloß zum Teil an purer Ignoranz. Tatsächlich ist die latente Tristesse der Umgebung stets präsent, und es gelingt dem stämmigen Quartier mit seiner raumbildenden Anlage nicht, sich dagegen zu behaupten.

Auch das Material hat gelitten: Der Beton mit innenliegender Dämmung, heute bauphysikalisch verpönt, zeigt Schlieren, Moosbewuchs und Kalkreste – die Patina dieses Baustoffs.

Abhilfe schafft die Besitzerin momentan mit einem Farbanstrich, der den rohen Beton übertüncht. Dabei geht jedoch die rauhe, haptische Oberfläche des von Böhm ganz absichtsvoll verwendeten Materials für alle Zeit verloren – eine Instandsetzung, die zwiespältige Emotionen weckt. Bei aller Liebe zur inzwischen historischen Modernität jener Siedlung, die deutlich vom späten Einfluß brutalistischer Tendenzen lebt, fällt es doch ebenso schwer, den Bewohnern die »frische« Optik zu versagen, wenn man um die übrigen Probleme Chorweilers weiß. An Chorweiler ist typisch, daß zuerst über Verdichtung und Massierung und erst spät über die sozialen Bedürfnisse nachgedacht wurde. Wenngleich das Quartier Seeberg-Nord solche Bedürfnisse nicht im Alleingang kompensieren konnte, ist Böhms Quartier inmitten von soviel Ortlosigkeit ein wichtiger Anfang.

Architekt: Gottfried Böhm, Köln
Planung: ab 1966
Fertigstellung: 1973
Wiederbesuch: 1995

Paulhans Peters

Gut gemischt
Wohnbaumodell Spengelin

Vor 18 Jahren schrieben die Architekten und Planer Michael Wilkens und Nikola Dischkoff einen nur auf den ersten Blick provokanten Satz »Daß wir soviel schlechte (…) Wohnsiedlungen haben, liegt einfach daran, daß die Architekten unbedingt gute Entwürfe machen wollen. Ihr eingebildetes Berufsethos hält sie davon ab, etwas Gewöhnliches und Bewährtes schlicht zu wiederholen.« Man sollte die Aussage vielleicht etwas korrigieren und statt »die« Architekten, »die meisten« Architekten sagen. Man kann auch einen kritischen Beobachter benennen, der nun gewiß nicht den Ruf hat, gegen die Moderne gewesen zu sein: Otl Aicher wurde in der db (2/93) zitiert, »Es ist legitim, die Frage zu stellen, was hat das neue Bauen im Wohnen geleistet? Neben neuen Stilen eigentlich nicht viel.«

Diese Vorbemerkungen sind nötig, um jenes Wohnbaukonzept der Architekten Ingeborg und Friedrich Spengelin besser erfassen zu können, das sie seit nunmehr 30 Jahren verfolgen. Ausgangspunkt dabei war der Versuch, die Wunschvorstellungen des Normalbürgers vom möglichst freistehenden Einfamilienhaus mit einer städtebaulich sinnvollen Verdichtung (und dadurch erst machbaren Wohnungsmischung) zu verknüpfen. Letztere war im Mietwohnungsbau schon um die Jahrhundertwende gang und gäbe. Die »gute« Wohnlage im gleichen Haus war die belle étage, während die oberen Geschosse die kleineren und billigeren Wohnungen aufnahmen. Das ist ein Wohnbaumodell, keine Architekturform. Als solches wird hier auch die Arbeit des Ehepaars Spengelin betrachtet. Anfang der sechziger Jahre fanden die Spengelins ihre Vorbilder in Le Corbusiers Wohnhochhäusern und der Siedlung Halen vom Atelier 5. Sie hatten aber bereits 1953/54 mit Georg Wellhausen gewissermaßen die Prototypen ihres Konzepts auf

1

Helgoland realisiert. Zu der Zeit waren noch zwei andere Wohnformen aktuell: die Maisonette-Wohnung als »Ersatz« für das Einfamilienhaus im Geschoßbau (wiederentdeckt während der IBA in den achtziger Jahren) und das Atriumhaus als flächensparendes, sehr privates Einfamilienhaus. Dazu kam die damals vorherrschende städtebauliche Ordnung einer räumlichen Trennung von Großbau und Straße – eine Corbusier-Erbschaft.

Das waren die Komponenten für den städtischen Wohnungsbau, den die Spengelins 1964 gedanklich zuerst in einem Gutachten für Buxtehude entwickelten und dann im Hamburger Projekt Holsteiner Chaussee realisierten. Die charakteristische Schnittzeichnung erklärt das Prinzip: Ein mehrgeschossiger linearer Baukörper ruht auf einem Podest, das sich nach einer oder beiden Seiten im Erdgeschoß erweitert. Auf der dem Zugang abgewandten Seite sind manchmal ein oder mehrere Streifen einer Atriumhaus-Bebauung anstelle von »Öffentlichem Grün« vorgeschlagen. Im Untergeschoß war Platz für Mieterkeller, Hobbyräume oder aber auch für eine Tiefgarage vorgesehen.

Obwohl es nie zu einer Realisierung im stadtzellen-wirksamen Maßstab kam, zeigen die gebauten Entwürfe in nuce die Planungsökonomie: einfache Erschließung für Fußgänger und Autos, Trennung von öffentlichen und halböffentlich-privaten Zonen, Verzicht auf Abstandsfreiflächen zugunsten eines durch Teppichbebauung funktional sinnvoll aufgeteilten Wege-Spielplätze-Grünflächennetzes. Die Dichten liegen um 0,7 bis 1,0.

Die Wohnungen sind ausschließlich im Rahmen des Sozialen Wohnungsbaus verwirklicht worden. Beim angestrebten »Wohnungs-Mix« gingen die Architekten von Wohnwünschen in Zusammenhang mit deren wirtschaftlicher Realisierung aus, wobei zu Anfang sicher die Betonung auf »Familienwohnung« lag. Die kleineren Wohnungen sind nach einfacher Adaptierung heute teilweise zu bequemen Singleappartements geworden. Die oberste Wohnung hat entweder einen winkelförmigen Grundriß mit großer Dachterrasse (insgesamt 112 m^2) oder wird als Maisonette-Terrassen-Wohnung (100 m^2) ausgebildet. In der Mittelzone des Hochbaus sind identische Maisonettewohnungen oder unterschiedlich große und/oder

2 Differenzierte
Wohnquartiere wie das
in der Holsteiner Chaus-
see haben heute kaum
noch Realisierungs-
chancen
3 Schnitt und Grund-
riß, M 1:500

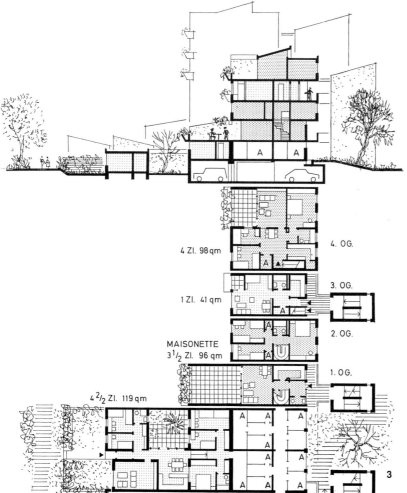

4 Zl. 98 qm   4. OG.

1 Zl. 41 qm   3. OG.

MAISONETTE
$3^{1}/_{2}$ Zl. 96 qm   2. OG.

$4^{2}/_{2}$ Zl. 119 qm   1. OG.

3

23

eine Kombination von kleinen oder großen Geschoßwohnungen vorgesehen. Die verschiedenen Projekte zeigen hier eine mögliche Vielfalt der Wohnungsgrößen, -arten und -nutzungen, die im Vergleich zu den gestapelten Einheitswaren der Investorenobjekte daran erinnern, wie auch im Sozialen Wohnungsbau die Individualität des Zuhause erreicht werden kann. Sie ist u. a. als Gegengewicht zur anonymen Unterbringung wohl eine entscheidende Vandalismusverhinderung. Die

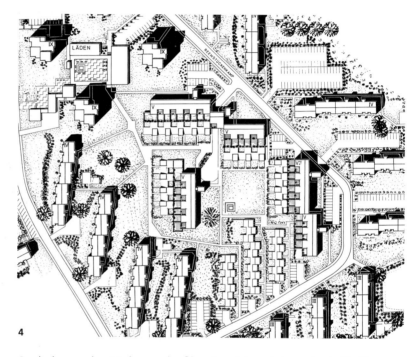

4

Sockelzone der Mehrgeschoßbauten ist meist zweigeteilt. Zur ruhigen Seite liegen ein- oder mehrgeschossige Atrium- oder L-Grundriß-Wohnungen, die über die Bauflucht des Hochhauses hinausgreifen und kleine Gärten besitzen. Verbreiterung der Balkon- und Terrassenbrüstungen zu Pflanztrögen verhindern, daß die unteren Höfe von oben eingesehen werden können. Auf der Zugangsseite liegen die Mieterkeller, allgemeine Hauszugänge und hin und wieder auch Autoabstellplätze.

5 Die rückwärtige
Erschließung über
wenig belebte und ein-
sehbare Wege erweist
sich als problematisch

5

Die Erschließung folgt meist der wirtschaftlichsten Form: herausgezogener Treppen(Aufzugs-)turm und Laubengänge. Dabei wurde der Kasernierungseffekt vieler gleicher Laubengänge durch die Maisonetten sowie in einigen Fällen durch betont individuelle Eingänge der unteren Wohnungen auf der Straßenseite vermieden. Problematisch erscheint heute die hier ausschließlich rückwärtige Erschließung der Wohnungen über in der Dunkelheit wenig belebte und einsehbare Wege.

Die meisten Projekte gehören nach der Ideologie der sechziger Jahre zu den typischen reinen Wohnvierteln, in denen nur gewohnt wird. Daß sich aber das Konzept der Spengelins auch in anderen städtebaulichen Zusammenhängen einfügen läßt, zeigen zwei unterschiedliche Beispiele. Im Hannoverschen Wohnquartier Roderbruch (Bilder 8, 9) setzten die Architekten im Zentrum auf eine erdgeschossige Ladenzeile einen viergeschossigen Wohnbau, der dem bekannten Schema folgt und das vertraute Miteinander von »unten Läden, oben Wohnungen« weiterführt. Die Erschließung erfolgt auf der Rückseite über zwei versetzt angeordnete Laubengänge mit außenliegenden Treppentürmen. Die nicht bebauten Ladendächer werden als private Wohnterrassen oder Kinderspielplätze genutzt.

1975 planten die Spengelins für eine Baulücke in der Dielinger Straße in Osnabrück (Bilder 6, 7), nur 200 Meter vom Dom entfernt, ein Wohn- und Geschäftshaus nach dem gleichen Konzept. Der Bau ist Teil der Straßenrandbebauung und folgt dem Straßenknick, was neu ist bei diesem Wohnbaumodell. Im Erdgeschoß sind hinter einer Arkade Läden mit anschließenden Lagerräumen untergebracht. Auf der Hofseite schiebt sich der erdgeschossige Wohnteil der Sockelwohnung aus dem Haupthaus vor, in dessen rückwärtigem ersten Obergeschoß die Schlafräume liegen. Diese Wohnungen sind – ähnlich wie die Obergeschoßwohnungen über den halbrunden Treppenturm und die Innenflure im ersten und dritten Obergeschoß – vom Hof erschlossen, der Teil einer innerstädtischen Verbindung ist.

Die Haustiefe von 20 Metern gestattet zwar für alle Wohnungen Loggien, bedeutet aber eine beträchtliche zentrale Dunkelzone. Die Läden sind in einen Großraumladen verwandelt worden. Die Bewohner stellen ihre Autos in der eigenen

6, 7   Dielinger Straße
im Stadtzentrum von
Osnabrück
6   Das Spengelin-
Wohnbaumodell läßt
sich in beliebige städte-
bauliche Zusammen-
hänge einfügen
7   Lageplan, M 1:3000

8, 9   Wohnquartier
Roderbruch, Hannover
8   In Roderbruch hat
sich das vertraute Mit-
einander von Läden
und Wohnungen
bewährt
9   Lageplan, M 1:3000

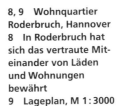

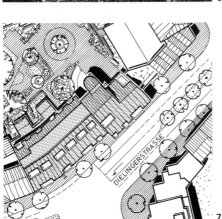

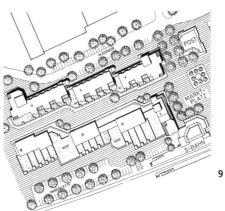

Tiefgarage unter. Beide Projekte erinnern daran, daß die Monokultur gleicher Wohnungen ebenso fragwürdig ist wie die der Nutzungen: Wohnen und Läden, was auch Individualbereiche und öffentliche Funktionen heißt, »beleben« sowohl im architektonisch-formalen (Wechsel in den Fassadenzonen) wie im funktionalen Bereich (Leute und Tätigkeiten) die Straße. Dieser Wechsel – man könnte auch »Abwechslung« sagen – ist ja nicht nur Abwehrmittel gegen Uniformität à la Stuttgart Asemwald zum Beispiel, sondern, wichtiger noch, visuelles Hilfsmittel zur Identifikation, zum Sich-zurecht-finden.

Wer die verschiedenen Spengelinschen Projekte mit den Großsiedlungen in den Städten vergleicht – sie stammen meist aus derselben Zeit und der damals gültigen »Modernist-richtig«-Überzeugung –, erkennt den völlig anderen Konzeptansatz bei Spengelin. Es wird bei ihnen weder Gleiches gestapelt noch gereiht. Die Häuser haben eine vertikale Gliederung in Kopf, Mitte, Fuß. Jedes Haus reicht über die Baugrenze mit seinem Einfluß hinaus: Haus und nahes Umfeld sind eine Einheit.

Manches war bei den Spengelins nicht vorhersehbar und verlangt jetzt Korrekturen. Wer mit einer Dichte von 0,8 bis 1,0 plant, kann heute die geparkten Autos nicht mehr sich selbst überlassen oder ihnen irgendwo eine Parkfläche zuweisen – was vor zwanzig Jahren noch möglich war. Der Schluß daraus lautet: Solche Wohnhäuser kommen ohne Tiefgarage nicht mehr aus, die, falls unter dem Gebäude machbar, neue Erschließungsarten erfordert. Das zeigt mitten in der Stadt das Beispiel Osnabrück: Hinter der Hofzufahrt liegt die Rampe für die Tiefgarage.

Ein vielleicht noch wichtigeres Kriterium für die Qualität der Wohnungen ist der unmittelbare Hauszugang. Wenn er wie bei der Mehrzahl der Projekte streng funktionell, eben nur »praktisch« gelöst ist, geht damit eine Beliebigkeit Hand in Hand, die, wie bereits vermerkt, zu Anonymität und Vandalismus führen kann. Demgegenüber zeigen die individuellen Wohnungszugänge beim Depenkamp-Projekt (Bilder 10, 11) gute Ansätze. Alle Treppenturm-Wohnungszugänge, zwar funktionell sinnvoll, warten aber wohl noch auf eine Überarbeitung im Sinne des »Ankommens« und »Da-seins« – beides sind Wohnqualitäten.

10, 11 Wohnbaumodell
Depenkamp, Hamburg
10 Individuelle Woh-
nungszugänge verhin-
dern Anonymität und
Vandalismus
11 Lageplan, M 1:3000

10

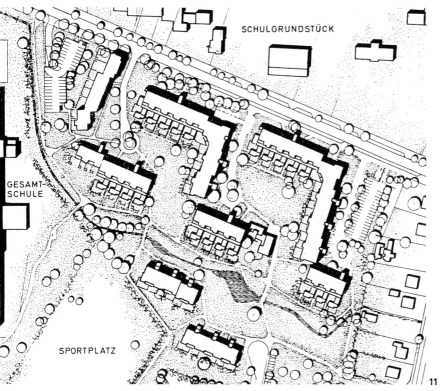

SCHULGRUNDSTÜCK

GESAMT-
SCHULE

SPORTPLATZ

11

29

Die Bewohner scheinen mit ihren Wohnungen weitgehend zufrieden, was zwar bei den niedrigen Mieten nicht wundert, sich aber an der doch pfleglichen Behandlung der gemeinschaftlich genutzten Flächen zeigt. Wenig Phantasie entwickeln sie in ihren privaten Gärten, Wohnhöfen und Dachterrassen. Sie werden zwar benutzt, lassen aber wenig Aneignung erkennen.

Die Wirkung der Jahre und mangelnde Kenntnis in der damaligen Bauphysik zeigen sich bei allen besuchten Bauten. Hauptsächlich sind Nachbesserungen der Wärmedämmung nötig, wobei die Anwendung der neuen Wärmeschutzverordnung sicher zu formalen Entstellungen führen wird. Ein anderes Kapitel sind die ursprünglichen Holzfenster und deren unterlassene Pflege; was zur Folge hat, daß die feinen Holzprofile von schwülstigen Kunststoffrahmen verdrängt werden.

Die Zukunft solch differenzierter Wohnquartiere sieht düster aus: Sie verlangen vom planenden Architekten und vom Bauträger einen wesentlich höheren Einsatz als die übliche Stapelware, was Idealismus auf beiden Seiten bedeutet. Und wer ist dazu schon bereit? Außerdem hat sich gegenüber den Anfängen einiges verändert: vervielfachte Bestimmungen, Normen und Vorgaben; Reduktion der Wohnungsgrößen; Beschneidung der verfügbaren finanziellen Mittel bei gleichzeitiger Anhebung von Anforderungen an Wärmedämmung, Schallschutz usw. Trotzdem: Das hier vorgestellte Wohnbaumodell hat sich nicht nur bewährt, sondern kann durch seine verschiedenen Realisierungen dazu beitragen, in Zukunft der totalen Merkantilisierung und Wegrationalisierung von Qualitäten im Wohnungsbau Einhalt zu bieten.

Architekten: Ingeborg und Friedrich Spengelin, Hannover
Wiederbesuch: 1994

Gerhard Ullmann

Sozialistische Pracht?

Nachruf auf die Stalinallee

**1 Die Stalinallee in
den fünfziger Jahren**

Neben der dorischen Säulenordnung eines Hauseingangs
flattert ein angerissenes Plakat: »Alle Weltmächte haben
irgendwann ihre Prachtstraßen gebaut und damit eine Verkür-
zung ihres endlosen Reiches geschaffen.« (Baudrillard). Auf
der unteren Hälfte des Plakats tragen Bauarbeiter der Stalinallee ein Transparent. »Wer unsere Friedensbauten vernichten
will«, so die klassenkämpferische Parole, »dem schlagen wir
auf die Finger.« Zeitgeist und Herrschaftsgeist wohnen auf der
einst so hochbejubelten sozialistischen Magistrale eng bei-
sammen, sie verdeutlichen Gegensätze und Positionskämpfe,
vor denen Denkmalpfleger und Stadtplaner heute stehen.
Ein Nachgeplänkel und doch ein wichtiges Moment in der
Berliner Nachkriegsgeschichte, das es jetzt aufzuarbeiten gilt.

Aber zwischen kurzen räumlichen Distanzen können Welten
liegen: Den Gegenpol zu Baudrillards Weltmachtgleichnis
findet man auf dem Fries eines Hochhauses am Strausberger
Platz: »Solch ein Gewimmel möcht ich sehn, auf freiem
Grund mit freiem Volke stehn.«

Klassikerzitate, durch inflationären Umgang im sozialistischen Alltag verbraucht, sie kommentieren als ironische State-
ments den tatsächlichen Verlauf der Geschichte. Ein billiger,
allzu leichter Sieg des »Klassenfeindes«, dessen Stadtplaner
sich jetzt anschicken, die von der DDR in letzter Minute unter
Denkmalschutz gestellte heutige Karl-Marx-Allee und frühere
Stalinallee durch Nutzungsänderung aus ihrem Dämmerzu-
stand zu retten; mit städtebaulichen Gutachten wird versucht,
die angeschlagene Urbanität neu zu beleben.

Die ehemalige Stalinallee ist ein Stück gescheiterter gesell-
schaftlicher Utopie und zugleich ein Abschied von der
Moderne. Sie steht für einen Staat, der ideologisch mehr
versprach, als er wirtschaftlich zu halten vermochte und eine
Baupolitik forcierte, die mit repräsentativen Wohnpalästen
begann und in der Uniformität von Großplattenprojekten ein
vorläufiges Ende fand. Vierzig Jahre nach ihrer Planung ist das
Image der drei Kilometer langen Ost-Magistrale im Bezirk
Friedrichshain nicht nur durch Bauschäden ramponiert, auch
das monumentale Pathos der langen Achse wirkt verstaubt:
Anfang und Ende eines sozialistischen Hauptstadttraums,
mit dem Ost- wie West-Berlin Schwierigkeiten haben werden,
zur Normalität zurückzufinden.

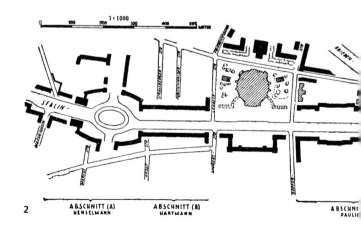

2 ABSCHNITT (A)   ABSCHNITT (B)   ABSCHNI
   HENSELMANN   HARTMANN   PAULIC

Das einstige Mietskasernenviertel, durch den Krieg erheblich beschädigt, bot sich sowohl durch seine proletarische Herkunft als auch seine städtebauliche Lage als Demonstrationsbeispiel für eine neue gesellschaftspolitische Zielsetzung im Wohnungsbau an. Die Abwendung von der Mietskaserne und der Einzug in den Wohnpalast, waren vorrangige Ziele, mit denen die DDR-Regierung auch nach außen hin ihre Kritik am kapitalistischen Städtebau unter Beweis stellen konnte.

Hohe Wohnqualität sollte gerade im Stadtzentrum Berlins sichtbar und die im 19. Jahrhundert bereits entwickelte Ost-West-Achse durch die Verbreiterung der alten Frankfurter Allee zu einem repräsentativen Abschluß gebracht werden. Eine Überforderung der Bauwirtschaft war mit diesem ehrgeizigen Programm bereits angelegt und die Wendung zur industriellen Plattenbauweise vorgezeichnet.

Geschmäht und kritisiert, gelobt und doch nie geliebt: Seit dem 2. Oktober 1990 steht das Vorzeigeobjekt sozialistischer Stadtplanung unter Denkmalschutz. Einen Tag vor der Eingliederung in die Bundesrepublik Deutschland gelang der DDR das Kunststück, die erste sozialistische Magistrale als Zeitdokument in die kapitalistische Gesellschaft hinüberzuretten. Für die Stadt Berlin ein problematisches Geschenk, denn viele der etwa 3200 Wohnungen befinden sich in einem baulich schlechten Zustand. Doch auch das nähere Umfeld der Karl-Marx-Allee bedarf einer Neuorientierung – eine Arbeit, die nach Expertenmeinung eine dreistellige Millionensumme erfordern könnte.

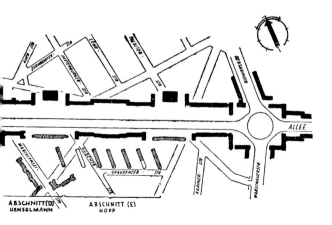

ABSCHNITT (D)
HENSELMANN

ABSCHNITT (E)
HOPP

3

3, 4 Rückseiten. Die
Fernsehschüsseln sind
natürlich schneller mon-
tiert als die Häuser
saniert

»Die letzte große Straße Europas«, so schwärmte der italie-
nische Architekt Aldo Rossi. Der Enthusiasmus verliert sich
schnell, wenn man den baulichen Zustand und den Eklektizis-
mus der Wohngebäude studiert. Nichts wirkt geschichtsloser
als ein ideologisch verkleideter Klassizismus, der Pathos mit
Baukunst verwechselt und der, wenn er von Wohnlichkeit
spricht, nur monumentale Ordnungsmuster meint. Ein wir-
kungsvolles, doch leicht durchschaubares Rezept. Außen die
Repräsentation, im Innern die kleine Wohneinheit mit tech-
nischem Komfort. Man sieht dorische Säulenordnungen und
aufgesetzte Pilaster, Giebelfelder über der Haustür und
schwere Dachgesimse – dem nationalen Hausputz dient ein
großes Stilrepertoire der Baugeschichte.

Die Häuserfronten der überwiegend achtgeschossigen
Wohnblöcke der Karl-Marx-Allee sind reichlich dekoriert; sie

machen müde Augen. Ist schon der Glanz der Häuserfronten durch die abplatzenden Meißner Fliesen reichlich malträtiert, so erweckt die schmucklose Rückfront mit ihrer ebenmäßigen Fensterordnung den Eindruck verlassener Kasernen. Offene Fenster, doch ohne Menschen; auch auf den breiten Boulevards verlieren sich die Passanten. Urbanität?

Die kleinen Geschäfte mit ihrem bescheidenen Warenangebot sind auf anspruchslose Käuferwünsche ausgerichtet, und sie werden auch durch Nutzungsverdichtung die gewünschte Urbanität nicht herbeizwingen können. Dem Geist Speers näher als dem Klassizismus Schinkels wurde bereits mit der Planung dieser Straße die Urbanität verweigert. Denn das damalige Planungskollektiv Henselmann, Hopp, Paulick und Leucht wollte mehr als nur Wohnpaläste errichten.

Anknüpfend an die im 19. Jahrhundert angelegte Ost-West-

Achse, sollte nach den Vorstellungen des sozialistischen Planungskollektivs mit dem letzten Teilabschnitt der Frankfurter Allee diese einen monumentalen Abschluß finden und zugleich den vorherrschenden Richtungssinn nach Westen schwächen. Die neue Öffnung nach Osten und der politische Gestus dieser Repräsentationsarchitektur benötigten für Paraden und politische Umzüge die Tiefenwirkung der Straße; für Kommunikation und menschliche Zwischenräume hatten die Planer offensichtlich kein Verständnis – eine Entscheidung, die nicht nur den städtebaulichen Maßstab, sondern auch das städtische Klima beeinflußte. Die Verbreiterung der Frankfurter Allee auf etwa 75 m und die Ausdehnung auf 2,5 km vom Strausberger Platz bis zur Samariter Straße zeigten aber auch, daß das Planungskollektiv dem überhöhten ideologischen Anspruch baukünstlerisch und sozial nicht gewachsen war.

Die monumentale Leere der jetzigen Karl-Marx-Allee resultiert nicht zuletzt aus dem ungünstigen Straßenquerschnitt 1 : 33, ein Verhältnis, das erheblich den festgelegten Grenzwert von 1 : 25 übersteigt und damit das vertraute Bild eines Straßenkorridors nivelliert. Diese Auflösung des Straßenraums zugunsten einer Tiefenwirkung (vom Strausberger Platz bis zur S-Bahn Frankfurter Allee sind es drei Kilometer) verstärkt noch den Eindruck einer Ausfallstraße, die vierspurig die östlichen Vororte mit dem Stadtzentrum verbindet. Wechselnde Grünflächen auf der Nordseite, schwankend zwischen Gebüsch, Rasen und Parkanlagen und bisweilen gesäumt von entlaubten Linden, korrigieren von vornherein den Eindruck einer Flanierzone. Die urbane Atmosphäre gleicht dem Leben konstruierter Schlafstädte, in deren Zentren sich träge der Verkehrsstrom ergießt.

Demonstrationsobjekte, das lehrt die Geschichte, leiden meist mehr unter der ideologischen Bürde als unter einer Omnipotenz ihrer Schöpfer. Als Paradebeispiel für ein neues Bauen hochstilisiert, wurde von Anfang an der Stalinallee eine symbolische Bedeutung zugewiesen, die sie weder baukünstlerisch noch städtebaulich einlösen konnte. Trotz zunehmender ideologischer Einflußnahme des Staates auf das Baugeschehen entstand keine europäische Magistrale, sondern ein verwirrendes Dokument wechselvoller Baugeschichte, das sich vom Bauhaus halbherzig löste und sich im Pendeln zwischen

Schinkel und Speer in einem historisierenden Klassizismus erschöpfte.

»Angesichts des wachsenden Investitionsdruckes auf die zentralen innerstädtischen Standorte zwischen Alexanderplatz und Lichtenberg, zwischen Hauptbahnhof und Prenzlauer Berg«, so der Text eines Faltblatts zur Ausstellung über die Stalinallee, »wird es in Zukunft darauf ankommen, dieses einmalige und exponierte Ensemble aus Wohn- und Geschäftsbauten, Kultur- und Gemeinschaftseinrichtungen, repräsentativen Straßenräumen und herrschaftlichen Fassadenfolgen mit anspruchsvoller architektonischer Binnendifferenzierung vor allen planerischen Eingriffen als historisches Dokument in seiner Vielfalt und Qualität zu untersuchen und im öffentlichen Bewußtsein präsent werden zu lassen.«

Solch ein Zweckoptimismus wirkt vordergründig, doch werden sich mit jedem neuen städtebaulichen Gutachten die Konflikte mit den Denkmalpflegern kaum verringern lassen, wenn hier ein musealer Schwebezustand und eine soziale Lethargie beendet werden sollen. Der Weg in die Normalität ist wohl das Schwierigste, was die überraschende Erbschaft Denkmalpflegern und Stadtplanern bescherte. Der Weg von der Streitkultur zur Wohnkultur ist jedenfalls länger als die frühere Stalinallee, deren Zielpunkte wieder einmal neu fixiert werden müssen.

Architekten: verschiedene Planungskollektive,
im wesentlichen: Planungskollektiv Henselmann, Hopp, Paulick und Leucht
Bauzeit: (1949) 1959–1965
Wiederbesuch: 1991

Christoph Gunßer

Landbesetzung

Die Sea Ranch

Ob ich ein »Sea Ranch Permit« habe, fragt mich die Patrouille.
Der Mann vom privaten Wachdienst schneidet mir auf einer
der frisch asphaltierten Straßen im freien Gelände den Weg
ab. Wenn nicht, werde er mich hinaus auf den Highway eskor-
tieren. Solch rüdes Country-Club-Gebaren ist in Nordkalifornien sonst nicht üblich. Oceanic Properties, eine Terraingesellschaft mit Sitz in Hawaii, hat aber unlängst die letzten Parzellen des 2000 ha großen Küstenstreifens veräußert, und die
werden jetzt zügig für weitere Einzelhausbebauung erschlossen. Der karge Landstrich leidet unter dem neuen Luxus.
Wer 400 000 Dollar für ein Grundstück bezahlt, gibt leicht
700 000 Dollar für ein Haus aus. So ist das mit dem Territorial-
verhalten. Der Name Sea Ranch wird wie all die anderen
wohlklingenden Vorstadtnamen Amerikas zum Euphemismus
werden. Wie sagte doch der unlängst verstorbene Charles
Moore: »Ich halte die Umwelt für mies, und es gibt kaum
einen Ort in Nordamerika, den der Mensch nicht besetzt und
ruiniert hat.«
  Dabei begann die Sea Ranch einmal als Modell – für ein
neues Umweltbewußtsein, für ökologisches Bauen, für
gemeinschaftliches Wohnen. Charles Moore, Donlyn Lyndon,
William Turnbull und Richard Whittaker hatten 1962 ein klei-
nes Büro in Berkeley gegründet (MLTW). Moore war dort seit
1959 Architekturprofessor. Seit seinem Studium in Princeton
hatte er ein paar Einfamilienhäuser an der Westküste realisiert,
die stets, wie im Holzbau üblich, aus einfachen Elementen
zusammengefügt waren.
  Am deutlichsten zeigte Moores eigenes Haus in Orinda das
Prinzip: Im Einraum des kleinen Pavillons markiert er durch
im Quadrat angeordnete Säulen besondere Orte – der Kunst-
historiker Moore nannte so ein Haus im Haus »Ädikula« –,

1 Sea Ranch ist der Name eines 2000 ha großen Küstenstreifens hundert Meilen nördlich von San Francisco. Hier realisierten junge Architekten um Charles Moore 1964/65 eine bald weltberühmte Wohnanlage. Heute steht der bescheidene Holzbau nicht mehr allein: Verwertungs-interessen haben dem rauhen Landstrich viel vom ursprünglichen Reiz genommen

2 Lageplan, M 1:5000

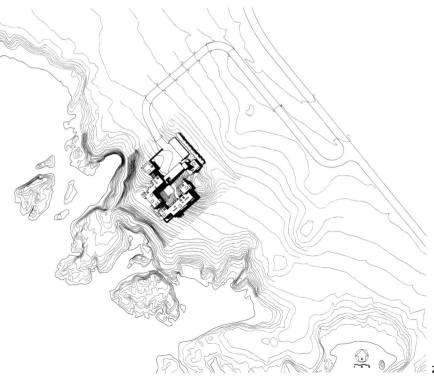

in die er dann den Sitzplatz oder eine profane Badewanne plaziert. Was sein großes Vorbild Louis Kahn an Urformen entdeckt hat, wendet Moore pietätlos auf den Hausbau an.

Diesen Baustein brachte Moore mit, als MLTW 1964 gemeinsam mit dem Landschaftsarchitekten Lawrence Halprin ein Konzept für die Sea Ranch erarbeitete. In Berkeley begannen in dieser Zeit viele zu begreifen, daß die natürlichen Ressourcen begrenzt sind. Aus der Skepsis gegenüber herkömmlichen Fortschrittsmustern erwuchs hier ein neuer Respekt vor dem, was schon da ist. Auch Architekten suchten nach einer neuen Bescheidenheit des Ausdrucks. Die Sea Ranch wurde dafür zum Experimentierfeld.

Das Gelände, ein 16 km langer felsiger Küstenstreifen, wird durch die Landstraße geteilt. Zum Meer hin erstreckt sich die früher extensiv als Schafweide genutzte Ebene, im Osten steigt das Terrain zu einem Saum aus dichten Kiefernwäldern an. Einzelne Scheunen und von Flechten bewachsene Lattenzäune waren damals die einzigen zivilisatorischen Zutaten.

»Wir wollten auf keinen Fall das vorstädtische Einerlei von Vorgärten an gekurvten Straßen mit Doppelgaragen und Natur in Handtuchparzellen. Wir waren uns einig, daß wir eine Gemeinschaft bauen wollten. Hier sollten nicht nur ein paar Leute beziehungslos eine Zuflucht finden; wir dachten, daß dort insgesamt 2000 Familien zusammenleben könnten«, sagt Lawrence Halprin heute. Weil aber die »Ranch« keinen Lebensunterhalt bieten konnte, sollten naturnahe Freizeitaktivitäten gefördert werden:

Strände und Wanderwege waren ebenso vorgesehen wie ein Schwimmclub (1966 von MLTW realisiert).

Für die Bebauung galten strikte Regeln. Nachdem ursprünglich nur im Schutz der Waldränder gebaut werden durfte, ging man später hinaus auf die Weiden. Um dort möglichst vielen den Ausblick zum Pazifik zu geben, sollten jedoch keine Häuser die Steilküste besetzen. Vielmehr schlugen die Planer lockere Gruppen in T-Form vor. Zwischen den Clustern sollte die Hälfte des Landes der Allgemeinheit offen stehen. Als Vorbild für ein solches dichtes Cluster plante das Team die Wohnanlage am südlichen Eingang des Areals. Das Gelände fällt an dieser exponierten Stelle zur Steilküste hin ab. Der Baukörper duckt sich deshalb mit einer dem Hangverlauf

3 Blick von Norden auf den Eingangshof
4 Gesamtplan mit der Parzellierung

3

Highway 1   Flugplatz

Pazifik

Sea Ranch I   **4**

folgenden Dachlandschaft an den Hang. Auf einem Hügel setzt ein gedrungener Turm ein Zeichen, als müßten die kleinteiligen Formen in der rauhen Landschaft verankert werden.

Die Fensteröffnungen sind bündig in die rauhe Redwood-Schalung eingefügt; hier wie an den Dachkanten bietet kein unnötiges Profil dem steifen Nordwestwind Angriffsfläche.

Die zehn Wohneinheiten – jede nach dem Prinzip Haus-im-Haus als simple Pfosten-Riegel-Konstruktion aufgebaut – umschließen einen langgestreckten Hof, eigentlich nur ein Stück Hang, das schließlich durch eine Lücke zum Meer hinausschwappt. Das Ganze gibt ein unsentimentales Bild von »Burg« oder »Dorf« ab, ein Bild von solider Solidarität gegen Wind und Wetter, wie in Fort Ross, der nahen russischen Pioniersiedlung, und doch improvisiert und ohne Ewigkeitsanspruch zusammengezimmert. Es gibt Rückzugsräume und großartige Ausblicke in die Landschaft. Obwohl nicht der Eindruck von geschlossener Gesellschaft entsteht, zögert man beim Nähertreten. Die Sea Ranch-Polizei ist hier vollkommen überflüssig.

Die 1965 fertiggestellte Wohnanlage fand weltweit Beachtung und Nachahmer; nur auf dem Territorium der Sea Ranch setzte sie keine Standards.

Moore selbst plante in den sechziger Jahren noch mehrere Einfamilienhäuser in den Bergen, und sein Partner Donlyn Lyndon hat dort erst vor kurzem zwei Häuser fertiggestellt.

Verdichtete Wohncluster wie Sea Ranch I wurden nicht mehr geplant. Neid und Abgrenzung zogen ein: Ein Rad- und Wanderweg war erst nach zähen Verhandlungen durchzusetzen. Der Allgemeinheit sind nur zwei kleine Strände zugänglich.

Eine kommerzielle Terraingesellschaft ist kein Verein zur Landespflege. Der Investor sah zwar anfangs ein, daß auch er von der behutsamen, flächensparenden Einfügung in die Landschaft profitieren könne, doch von dieser langfristigen Verpflichtung zur »nachhaltigen« Entwicklung, wie sie den Architekten vorschwebte, ist heute nicht mehr viel übrig.

Eine »Design Review«-Kommission achtet auf die Einhaltung der Bestimmungen (Verwendung von Holz, maximale Bauhöhe, kleinteilige Formen), doch die schiere Größe der meisten Anwesen macht die Vorstellung von »Gemeinschaft«

5   Grundriß EG,
M 1 : 1000
6   Der Hof ist ein Stück
Landschaft

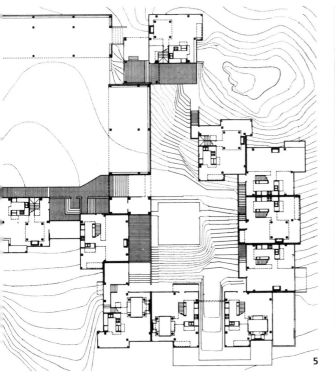

5

6

obsolet. Drei von vier Entwürfen passieren unbeanstandet die formale Prüfung. Angeblich lassen sich größere Immobilien besser wieder veräußern. Wohnanlagen sind den Maklern heute zu aufwendig in der Finanzierung und Vermittlung. Für den Verkauf großer Grundstücke können sie zudem sattere Provisionen kassieren. So lassen kurzfristige Verwertungsinteressen die Weidelandschaft langsam zu einer Vorstadt ohne dazugehörige Stadt werden. Der öffentliche Raum existiert nicht.

Sea Ranch I wird nur sporadisch im Sommer genutzt. Die Wärmedämmung galt damals noch als verzichtbar, doch die Häuser haben die knapp dreißig Jahre in Wind und Wetter gut verkraftet. Die silbergraue Patina der Redwoods wird nur durch Rostfahnen der Nägel verschmutzt (die Nägel mußten bereits einmal ausgetauscht werden). Im Inneren hat die nur auf vier Stützen ruhende Konstruktion Umbauten leicht gemacht. Charles Moores Wohnung steht heute seinen vielen Mitarbeitern offen.

Diese Ikone des Regionalismus wird zusehends durch die Nachbarbebauung beeinträchtigt. Von der Landstraße ist der Ausblick hinüber schon fast verstellt, und wer sie pur fotografieren will, muß den Standpunkt mit Bedacht wählen. Alle hier gezeigten Fotos entstanden im September 1993.

Versteckt am Waldrand weit oberhalb von Sea Ranch I, wo das Gelände bereits den Blick aufs Meer verstellt, lebt das alte Ideal der Einfachheit fort: Für die Angestellten der Sea Ranch (auch das ein Symptom des eingekehrten Reichtums) werden seit etwa zehn Jahren kleine Wohnhäuser errichtet. Ihre Architektur folgt dem klassischen Typ der »Saltbox«: Es sind langgestreckte Giebelhäuser mit je einem Raum zu beiden Seiten des mittig an der Längsseite gelegenen Eingangs. Vordach oder Porch lassen sich nach Belieben anbauen. Die zumeist eingeschossigen Baukörper stehen in Nord-Süd-Richtung. Sie wirken fast provisorisch, doch sind die ersten Exemplare bereits stark eingewachsen und silbern verwittert. Angesichts der protzigen, schwerfälligen Villen im Umfeld fällt es schwer, sich die Sea Ranch als so eine unkomplizierte Kolonie fröhlicher Baukastenhäuser vorzustellen.

Offenbar steckt im Amerikaner, selbst wenn er sein Geld längst an der Börse verdient, noch immer der Farmer auf

seiner Scholle. An diesem archaischen Bedürfnis nach Flächen-
besitz scheinen alle Argumente abzuprallen.

Kalifornien lebt heute weit über seine Verhältnisse, und vor
allem das dünn besiedelte Nordkalifornien wird dadurch langsam ruiniert. 75 Prozent des kalifornischen Trinkwassers ent-
springen nördlich von Sacramento, aber nur 25 Prozent werden dort verbraucht. Der durstige Süden zehrt an der Substanz. Großflächige Abholzungen sind in den nordkaliforni-
schen Redwoods im Gange. Die größte Zeitung im Lande, die
Los Angeles Times, verbraucht wöchentlich eine ganze Schiffs-
ladung voll solcher Stämme. Der Kahlschlag führt zur Erosion
der Hänge, wodurch die einst lachsreichen Flüsse verschlam-
men. Alle wissen von diesem Raubbau, aber man nimmt ihn
in Kauf.

Erst vor kurzem beauftragte die Sea Ranch Residents' Asso-
ciation Donlyn Lyndon, ein »Sea Ranch Village« nahe der
ersten Wohnanlage zu erarbeiten. Es soll an einer Dorfstraße
Läden und Gemeinschaftsräume aufnehmen.

Architekten: Charles Moore, Donlyn Lyndon,
William Turnbull und Richard Whittaker
Bauzeit: 1964–1965
Wiederbesuch: 1993

Klaus Jürgensen

Das Haus des Architekten
Wohnhaus Ungers in Köln

Dort, wo die weite Ebene der Kölner Bucht im Westen eine
erste Geländestufe aufweist, liegt Müngersdorf. Für den
von Westen Anreisenden bietet sich hier für einen kurzen
Moment ein Blick über die Stadt hinweg bis zur Altstadt mit
dem Dom.

Diese Lage wählte Oswald Mathias Ungers 1957 zum Bau
eines Wohnhauses. Die Belvederestraße führt am Rand der
oberen Geländeterrasse entlang, mit überwiegend geschlossener Bebauung in rheinischer Tradition, doch gerade auf der
Seite, auf der der Besucher sich Luft und Ausblick wünscht.
An der Einmündung einer schmalen Stichstraße war noch ein
Grundstück – das Ende einer Zeile – unbebaut: eine Situation,
die im allgemeinen wenig Entfaltungsmöglichkeiten bietet.

Als Wohnhaus mit Architekturbüro dient das Gebäude bis
heute – über mehr als drei Jahrzehnte hinweg –, als Kon-
stante bei sich wandelnden Bauaufgaben und Tätigkeiten.
Ungers übernahm einen Lehrstuhl in Berlin, widmete
sich für acht Jahre ganz der Lehrtätigkeit in den Vereinigten
Staaten, und kehrte erst Mitte der siebziger Jahre nach
Köln zurück.

Funktional sind ursprünglich vier verschiedene Nutzungs-
einheiten miteinander verknüpft: im Erdgeschoß das Büro
und eine Einliegerwohnung, im Obergeschoß eine weitere
Einliegerwohnung sowie – bis hinauf ins Spitzdach – die
private Wohnung von Ungers, ergänzt um eine großzügige
Dachterrasse mit Ausblick über Köln.

Die plastische Gestalt des Gebäudes ist sehr verschieden
erlebbar: Kommt der Besucher von Süden, ist die Gesamtform
der Zeile entscheidend: die strenge Bauflucht, die über mehrere Parzellen ausgestreckte Dachhaut, die durchlaufende
Traufhöhe.

1 Nordwestansicht (Ecke Belvedere-/Quadrather Straße), heutiger Zustand mit dem Bibliothek-Anbau aus den Jahren 1989/90 links im Hintergrund
2 Nordansicht Bibliothek und Wohnhaus, M 1:500

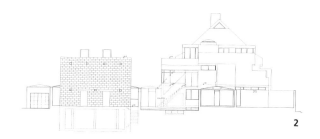

2

1

47

3 Kopfansicht (Nord-
seite), alter Zustand;
der Dachfirst des
eigentlichen Reihen-
hauses ist gerade
noch zu erkennen

3

Von Norden kommend, wirkt das Haus noch heute wie ein Paukenschlag inmitten zwanghafter Konventionalität und zaghafter Ausbruchsversuche. Wie unterschiedlich das Haus auf die Zeitgenossen der späten fünfziger Jahre gewirkt hat, läßt sich erahnen!

Im Kontext mit der angrenzenden Zeile ereignet sich hier eine Metamorphose; zunächst wird das vorhandene Sattel-dach nach Norden geführt, dann wird der Bau immer stärker gegliedert, mit rundem Bauteil, Ausguck, Treppe. Keine Ansicht ist flächig gedacht, sondern jeweils nur im plastischen Zusammenhang lesbar.

Der Grundriß hat den grafischen Reiz eines Puzzles. Durch die zweigeteilte Nutzung der Hauptgeschosse ergab sich die Notwendigkeit einer zweiten Treppe. Diese, als massive Treppe ausgeführt, erhält ihr Licht über eine gläserne Kuppel. Die Räume sind durch einen Gegensatz von hell und dunkel, eng und weit geprägt. Außenbereiche sind teilweise direkt bestimmten Räumen zugeordnet. Die zukünftige Entwicklung scheint im Grundriß des Ursprungszustands vorgezeichnet: Durch sukzessive Erhöhung der Mauern wird aus einem Gar-ten mit niedrigen Mauern zuerst ein geschlossener Gartenhof, dann ein neuer Raum mit Lichtdach.

Im Obergeschoß entsteht durch Stufen im Wohnbereich auch eine Differenzierung in niedrige und hohe Bereiche: ein Raumplan, nicht nur ein Geschoßplan. Die Innenräume sind

4   Der Hof auf der
Westseite des Wohn-
hauses; rechts der
graue Kubus der
Bibliothek
5   Das Innere der
Bibliothek

4

5

überraschend licht und transparent, bedingt durch fast umlau-
fende Oberlichtfenster. So entsteht der Eindruck der Leichtig-
keit eines englischen Wohnhauses der fünfziger Jahre.

Die jetzt abgeschlossenen Umbau- und Renovierungsarbei-
ten zeigen das Haus in gewandelter, »geglätteter« Form. Die
alten Fenster waren nicht mehr ausreichend. So wurden neue
Fenster vorgesetzt, die außen bündig sitzen. Die ursprünglich
stark plastische, brutalistische Wirkung wurde auf diese Weise
zurückgenommen. Die Innenräume wurden – wie alte Aufnahmen zeigen – durch sichtbare Ziegelwände geprägt. Bei
der Renovierung entschied man sich für einen durchgängigen,
weiß getünchten Glattputz, was sicherlich der Belichtung
zugute kommt, den Charakter jedoch erheblich veränderte.
Die zwei Einliegerwohnungen wurden dem Büro bzw. der
Wohnung zugeschlagen, so daß die zweite Treppe heute
nicht mehr notwendig ist.

Wirkt das Wohnhaus im Grundriß jetzt sehr aufgeräumt,
so ergibt sich zusammen mit dem Bibliotheksanbau eine völlig
neue Situation: eine Staffelung von außen und innen, Zwi-
schenschichten, Positiv- und Negativräume. Eine komplexe
räumliche Struktur ist entstanden, ein Mikrokosmos, für den
sich erst weit entfernt Vergleichbares findet: das Haus des
Architekten John Soane in London. Hier wurden bereits vor
150 Jahren zwei Gärten und ein Wohnhaus in einen labyrin-
thischen Musentempel verwandelt. Das Ganze liegt hinter
einer Fassade, die wenig vom Inhalt erkennen läßt.

6

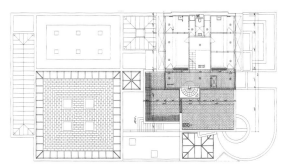

2. Obergeschoß (Wohnung)

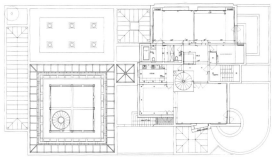

1. Obergeschoß (Wohnung)

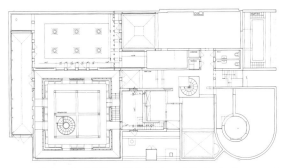

Erdgeschoß (Büro, Bibliothek und Gartenhof)   **7**

Ungers dagegen macht die Bedeutung seiner zwei Häuser für jedermann augenfällig. Die Gebäude in Köln leben vor allem aus sichtbaren Gegensätzen: hier die expressive, rot leuchtende, lebendige Backsteinkultur, dort der blockhafte, aschgraue, Erinnerungen an die Antike und Kölner Romanik wachrufende Kubus, der zur Kontemplation anregt. Die dialektische Spannung zwischen beiden weist in besonderer Weise auf den Autor hin: »Oswald« der Elemente der nordeuropäischen Hausbautradition aufgreift – »Mathias«, der sich in der Kette der abendländischen Baukultur sieht und scheinbar seine Umgebung überformt. Wer da größeres Gewicht hat, ist – nach Renovierung des Wohnhauses – wieder offen.

Architekt: Oswald Mathias Ungers
Baujahr: 1957
Wiederbesuch: 1992

Gerhard Ullmann

Frühes Wohnbauexperiment
Wohnanlage in der Genter Straße in München

Noch immer ist man geneigt, dem Münchner Wohnbauexperiment aus den siebziger Jahren offen seine Sympathie zu
bekunden. Die farbigen, weit in den Raum greifenden Wohn-
komplexe nahe am Englischen Garten wirken erstaunlich
jung. Drei Häusergruppen, zwischen Büschen und Bäumen
versteckt, verkleidet im Mattgrau einer Aluminiumfassade.
Dazwischen nackte Betonstützen mit Konsolenträgern, die
wie gestutzte Bäume in den Himmel ragen. Die Vorstellung
von einem großen, mit variablen Elementen ausgestatteten
Baukasten drängt sich auf, wenn man die bewegten Fassaden, die verschachtelten Räume und die glatten Betonstützen
betrachtet. Ein spielerisches Moment ist dabei nicht zu über-
sehen. Über Treppen, Galerien und Podeste führt die Bewegung nach außen; immer wieder wird man gezwungen, die
Verbindungsstellen zu suchen, an denen die Bewegung in
statische Ordnung übergleitet. In solchen Momenten bemerkt
man plötzlich, was den gegenwärtig so überdekorierten und
überteuerten, auf Besitzstand und Wertzuwachs ausgerich-
teten Wohnbauten fehlt: der Mut zum Engagement, die
Bereitschaft zu Veränderungen, aber auch ein Mehr an Bescheidenheit, was den Wohnbauten angemessen wäre.

Blickt man durch die gläserne Fassadenfront, so entdeckt
man weiträumige, über verschiedene Wohnniveaus sich hin-
ziehende Grundrisse, durchzogen von Treppen und Galerien,
die diesem so scheinbar lockeren Gerüst aus Trägern und
Stützen Richtung und Raumsinn geben.

Man gewinnt Zutrauen zu dieser Wohnanlage: Es sind
Häuser, denen man glaubt, daß man Planen, Bauen und Wohnen lernen kann. Eingewachsen zwischen Sträuchern und
Pflanzen, scheinen selbst die tragenden Betonstützen Teil
eines wachsenden Raums zu sein, ein kinderfreundliches

1

2

Paradies mit artistischen Zugaben für Kletterspezialisten. Die Wohnungen im Erdgeschoß sind durch hohe Gräser und Buschwerk vor neugierigen Blicken der Passanten geschützt, und von den Dachterrassen gewinnt man rasch einen Eindruck vom Innenleben der Siedlung. Häuser, die mit dem Reiz des Unfertigen werben, muß man unkonventionell bewohnen und mit Gelassenheit auf Mängel reagieren. Und wer durch die fehlenden Zäune beunruhigt ist, der kann hier soziales Verhalten im Detail studieren. Architekten, die in einer Phase des Aufbruchs planen und bauen, arbeiten mit Rückenwind und finden in ihren Bauherren zumeist ideologische Bündnispartner. Ob Mitgestaltung am Grundriß oder ein Gespräch über die Nützlichkeit von Konventionen: In Zeiten des Umbruchs liegen die Probleme enger beieinander. Das Uto-

3 Grundrisse EG, 1. OG
1. BA, M 1:500

1 Eingang 1
2 Eingang 2
3 Eingang 3
4 Wirtschaftsraum/
   Wohnen + Gast
5 Büro
6 Wohnen
7 Zugang + Zufahrt
   Tiefgarage
8 Tiefgarage
9 Schwimmbecken
10 Lichthof
11 Sauna/Garderobe
12 Küche/Essen
13 Studio mit Terrasse
14 Bad
15 Eltern
16 Kinder
17 Terrasse

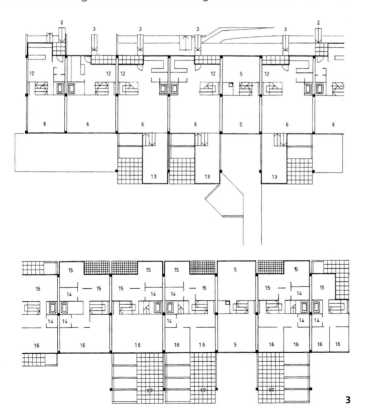

3

55

pische scheint in die Gegenwart gerückt, und Verweise auf Sachzwänge zählen dann nicht.

War es die Gunst der Stunde oder ein intuitives Gespür für notwendige Veränderungen im Wohnungsbau: Die Wohnhäuser von Otto Steidle und Partner, zwischen 1972 und 1977 gebaut, sind auch für eine jüngere Generation eine Herausforderung. Denn der Purismus einer von der Industrie geprägten Ästhetik und das Lustvoll-Improvisierte am Baukörper widersprechen einem technischen Perfektionismus und dem gepflegten Akademismus der gegenwärtigen Architekturszenerie. Otto Steidles Aufmerksamkeit gilt dem kommunikativen Aspekt des Wohnens, dem sinnvollen und bewußten Umgang des Benutzers mit dem Raum, und so ist die Erschließung zugleich eine funktionale und strukturelle Gliederung des Raumes.

Es erscheint daher logisch, wenn der Architekt auf den Zusammenhang zwischen Konstruktionswahl und prozeßhaftem Bauen verweist und mit seriellen Elementen seine ästhetische Haltung formuliert. Die Bewohner haben diese vorgegebenen Spielregeln akzeptiert. Wie bei einer Maskerade legt sich die subjektive Unordnung der Eigentümer auf das serielle Ordnungsmuster der Architektur, ein Interieur der Psyche, das man zwischen Holzstapeln und abgebrochenen Kunstwerken auf verschiedene Weise deuten kann.

Chaotische Ordnung oder geordnetes Chaos? Es gibt wohl in Deutschland keine vergleichbare Wohnsiedlung aus den siebziger Jahren, die auf so ursprüngliche Weise den emanzipatorischen Ansatz eines anderen Wohnens formulierte, die für den ästhetischen Schein des genial Improvisierten so konsequent die industriellen Bauelemente der Zeit nutzte und trotzdem keinen ideologischen Stallgeruch in ihrer Umgebung verbreitete. Die Aufbruchstimmung einer auf mehr Demokratie und Mitbestimmung hoffenden jungen Akademikerschicht, die nach neuen Formen gemeinschaftsbezogenen Wohnens suchte, ist an der Genter Straße – mit all ihren Abgrenzungserscheinungen – in einem dokumentarischen Bauwerk festgehalten.

Steidles Bauten altern nur im bauphysikalischen Sinne. Die Ordnung des Bausystems erwies sich als stark genug, um die singuläre Ordnung der Details auszugleichen. Was Yona Fried-

4

5

man und Schulze-Fielitz in den sechziger Jahren als Raum-stadtstruktur, als schöne, doch abgehobene Zukunftsvision einer festgefahrenen Stadtplanung als Modell offerierten, das verwandelte Steidles Team in ein Modell sozialer Erfahrungen mit einer verblüffend einfachen Konstruktionsidee: ein Gerüst aus Tragelementen, entsprechend einem Baukastensystem, das es den Bewohnern erlaubte, ihre Vorstellungen zu reali-sieren.

Hinter dem Provisorium von »Hütten« bemerkt man jedoch durchaus eine sinnvolle Ordnung. Die Grundrisse werden bei aller Flexibilität nicht zu indifferenten Raumzonen überdehnt, und auch die Trennung von Konstruktion und Ausbau erwies sich als Vorteil, um den *élan vital* der Bewohner als pure Laune zu ertragen.

Betrachtet man die drei Häusergruppen am Englischen Garten unter bauphysikalischen Gesichtspunkten, so sind einige Planungsfehler und technische Mängel nicht zu über-sehen. Otto Steidle, der aus konzeptionellen und ästhetischen Überlegungen die Konstruktionselemente nicht mit energie-sparenden Materialien verhüllen wollte, nahm die Nachteile einer Kältebrücke bewußt in Kauf, um den Eindruck von Schwerfälligkeit bei einer nachträglichen Wärmedämmung zu vermeiden. Spätere Korrekturen am dritten Bauabschnitt verdeutlichen die ästhetisch verständliche, doch energietech-nisch problematische Entscheidung: Die Häuser wirken kom-pakter und geschlossener, die räumlich interessante Verbin-dungslinie zwischen Konstruktion und Außenraum entfiel.

Auch die Entscheidung für großflächige, offene Fassaden-fronten ist gewiß unter ästhetischen Gesichtspunkten plau-sibel, doch installierte der Münchner Architekt damit einen weiteren energieverschwenderischen Schwachpunkt, der heute nicht mehr akzeptabel wäre. Denn mit der verstärk-ten Hinwendung zum energiesparenden Bauen verändern schärfere Normen die Wertigkeiten: Isoliergläser und bessere Wärmedämmung setzen einer allzu offenen Fassadenge-staltung engere Grenzen. Trotz rechtlicher Probleme – die Eigentümer verhalten sich dem Architekten gegenüber ins-gesamt kooperativ – über Fehler entstehen so neue Kontakte.

Jede Planung von Wohngebäuden, die auf Veränderung angelegt sind, erfordert von Anbeginn eine genaue Abstim-

6　Freiraum zwischen
1. und 2. Bauabschnitt
7　Innenraum mit Gale-
rie im 1. Bauabschnitt

alles 60er-Jiter

6

7

8 Ecke am 3. Bauabschnitt: Die Elemente des Baukastens passen sich einer neuen städtebaulichen Situation an

8

mung zwischen Konstruktion und Funktion. Steidle hat diesen Dialog mit den Bewohnern frühzeitig gesucht und Vorschläge und Änderungswünsche in ein flexibles Planungskonzept eingebunden. Eine tragende Konstruktion aus Betonfertigteilen erlaubt es den Bewohnern, Veränderungen innerhalb der 7,20 m breiten Wohneinheit vorzunehmen. Wie mit dieser Freiheit umgegangen wird, sieht man nicht nur an den Möbeln, sondern auch am Zustand der Wohnung. Im Innenraum treten die Unterschiede in Geschmack, Lebensart und sozialem Verhalten offen zutage, utopische Träume von einst werden rasch durch private Eigenliebe korrigiert. Nach zwanzig Jahren stehen die Gebäude noch in jugendlichem Alter. Auf die pastelligen Farben der Paneele hat sich eine lasierende Schutzschicht gelegt, und an den Betonstützen bemerkt man Spuren der Abnutzung. Progressive Gemeinschaftsprojekte formulieren ihren emanzipatorischen Ansatz gern als »Wir«, doch die Entwicklung vieler solcher Projekte zeigt, daß nach der Gründungsphase das individuelle Moment zum Ausgleich drängt.

Die Reihenhäuser am Englischen Garten sind eingewohnt, doch ihre Jugendlichkeit kontrastiert mit den Bedürfnissen einer in die Jahre gekommenen 68er-Generation, die erste Anzeichen einer Alterskonsolidierung in Besitzstanddenken erkennen läßt. Rückzug aufs bäuerliche Altenteil wird vereinzelt erwogen, der Kreislauf des Experimentierens dürfte mit einem Generationswechsel aufs neue beginnen.

Ist man geneigt, die energietechnischen Mängel und bauphysikalischen Schwächen aus einer Aufbruchstimmung zu tolerieren, so bleibt doch der soziale Aspekt dieses ungewöhnlichen Wohnexperiments auch für das gegenwärtige Bauen aktuell: die Enge kleinbürgerlichen Wohnens durch soziale Erfahrungen zu überwinden sowie der immer stärkeren Ausgrenzung im konventionellen Wohnungsbau durch gemeinschaftsfördernde Projekte entgegenzuwirken.

Architekt: Otto Steidle und Partner, München
Bauzeit: 1972–1977
Wiederbesuch: 1992

Klaus-Dieter Weiß

Highrise in Göteborg

Etagengrundstücke

1 »Highrise of
Homes«, Projekt von
S. I. T. E.: Geschoßweise
gestapelte Einfamilien-
häuser.

*Blödsinn!
zum Glück
hat sich diese
Schnapsidee
nicht durch-
gesetzt!
Schauerlich!*

Die Idee ist so frappierend, daß es erstaunlich ist, wie wenig
sie sich durchsetzen konnte. Für den spektakulärsten Auftritt
der geschoßweise gestapelten Einfamilienhäuser sorgte das

1

62

New Yorker Innovationsbüro S. I. T. E. im Jahr 1981 unter der Projektbezeichnung »Highrise of Homes«. Die erste Skizze von James Wines entstand schon ein Jahr vorher. Die Zeichnungen, schön bunt und utopisch, gehören heute zur Sammlung des New Yorker Museum of Modern Art. Das bislang einzige realisierte Projekt dieses Genres von Erik Friberger in Göteborg konnte dagegen nicht soviel Aufmerksamkeit auf sich lenken: Immerhin achtzehn Einfamilienhäuser wurden schon vor dreißig Jahren auf vertikal addiertem Betongrund

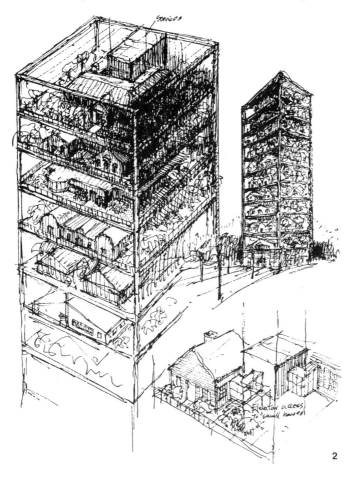

2

realisiert. In der knappen Genealogie der Amerikaner wurden die Vorleistungen Fribergers selbstbewußt übergangen.

Die wenigen bei uns veröffentlichten Hinweise beziehen sich auf einen Text in der schwedischen Zeitschrift »Arkitektur« aus dem Jahr 1971, Ausgabe 7/8. Aber auch in Schweden selbst fand und findet das Projekt Fribergers wenig Beachtung. So enthielt zum Beispiel eine 1976 vom Schwedischen Architekturmuseum in Stockholm konzipierte Ausstellung »Aufbruch und Krise des Funktionalismus: Bauen und Wohnen in Schweden 1930–80« nicht den kleinsten Querverweis. Statt dessen wurde mahnend an den »langen Jammer« der Siedlung Hammarkullen erinnert, ebenfalls in Göteborg gelegen und 1970 fertiggestellt.

Die in Göteborg-Kallebäck, Smörgatan 23–27, am südlichen Stadtrand errichtete Anlage ist auf den ersten Blick schwer einzuschätzen. Der an einem Hang gelegene, in seiner Frontbreite doch recht stattliche Bau verbirgt seine Einzelheiten hinter durchlaufenden tristen Betonbrüstungen, die dem bergwärts kletternden Besucher zwangsläufig noch wuchtiger erscheinen müssen.

Auch die potentiellen Bewohner der plakativen Gemälde von S. I. T. E. hätten sicher mit erheblichen Schwierigkeiten zu kämpfen, wollten sie sich bereits in den engen Straßenschluchten etwa New Yorks als Einfamilienhausbewohner fühlen. Die zwischen anderen Hochhäusern aufragenden, mehr als zwanzig Normalgeschosse zählenden Wohn-Manifeste hätten kaum die Chance, ihren individuellen Identifikationswert auch den Passanten auf Straßenniveau zu demonstrieren; ein Umstand, den die von S. I. T. E. gewählte Perspektive tunlichst verschweigt. Dazu macht sich in Göteborg die Tatsache negativ bemerkbar, daß das auf der Zugangsseite sichtbare Hanggeschoß lediglich Garagen enthält — kein sehr stimulierender Aufmacher.

Zwischen den gereihten Garagentoren gehen die Zugänge zu den Wohnungen darüber fast unter. Über dem mit Nebenfunktionen belegten Sockelgeschoß, in dem außer den Garagen noch Abstellräume für Fahrräder und Kinderwagen, die Waschküche und die Zentralheizung untergebracht sind, entwickelt sich ein Wohnregal mit drei Ebenen. Das oberste mit dem bewährten Himmel über den Dächern, die beiden

3 Triste Betonbrüstungen verbinden die Etagengrundstücke in Göteborg
4 Von der Talseite gesehen, scheinen die Häuser in den Himmel zu wachsen

5 Die Wirkung der »frei eingeschobenen Häuser« verpufft, weil der Abstand zur darüberliegenden Geschoßdecke zu gering ist

3

4

5

darunter mit Betondeckeln hart an der Firstkante. Friberger hatte jedoch in seinen Skizzen zu diesem Projekt durchaus den Mut, das Konzept auf acht Wohnebenen auszudehnen. Eine mögliche Lösung also auch für die Dimensionen der von den Bewohnern nur schwer zu ertragenden Einheitsunterbringung in Hammarkullen, zehn Kilometer nördlich der Innenstadt?

Eines der ganz entscheidenden Hindernisse für eine größere Verbreitung der Idee liegt sicherlich schon im konstruktiven Mehraufwand. Zwar sind aktuelle und vergleichbare Baukosten sehr schwer zu ermitteln. Aber vor zehn Jahren rechneten die Planer von S. I. T. E. mit Mehrkosten von zunächst 20 bis 30 Prozent im Vergleich zu konventionellen Etagenbauten von ähnlicher Höhenentwicklung. Erst nach der Phase der Prototypen könne mit einer Angleichung der Kosten an konventionelle Wohnadditionen gerechnet werden, hieß es damals.

So wurde das Projekt in den USA folgerichtig von Anfang an unter dem Titel »Luxury condominiums« geführt, ganz im Gegensatz zu Fribergers Ansatz in Schweden. Der damals schon 71jährige Architekt wollte ausdrücklich keine Luxuswohnungen schaffen, sondern neben anderen Vorteilen der Verschmelzung von »Einfamilienhaus« und »Etagenwohnung« ein ökonomisches Modell entwickeln.

Erik Friberger hatte sich unter anderem 1936 durch ein elementiertes Sommerhaus in Stahlbauweise einen Namen

6 Elementiertes Sommerhaus in Stahlbauweise, Erik Friberger, 1936

6

gemacht. Dieses Modellhaus einer Ausstellung unter dem Motto »Freizeit«, ein nach den Maximen Le Corbusiers aufgestelzter Kubus einfachster Art, ist Beleg für eine sehr sparsame, aber dennoch formal und funktional überzeugende Architektur – ein Niveau, das in Sachen Fertighaus heute längst wieder als unerreichbar gelten muß. Leider ließen sich diese Qualitäten auf das prinzipiell ähnlich gelagerte größere Projekt in Göteborg jedoch ganz offensichtlich nicht übertragen.

Getragen von ökologischen Motiven wie der Fixierung der Stadtgrenzen und damit des Verkehrsaufkommens, aber auch von der ökonomischen Maxime einer unmittelbaren Anpassung der Wohnung an die Bedürfnisse und Bedingungen der Bewohner (flexible Wohn- und Freiflächen, überschaubare Herstellungskosten, Möglichkeit der Eigenleistung, geringer Wartungsaufwand), hat sich das Modellvorhaben in der Praxis schließlich in sein Gegenteil verkehrt. Die nach wie vor berechtigten Ziele haben einen Bau entstehen lassen, der der theoretisch schlüssigen Argumentationskette zum krönenden Abschluß die Antithese liefert. Und leider kann nur diese einen realen Hintergrund für ihre Argumente vorweisen. So ist kaum ein größerer Schlag gegen in der Fassade dokumentierte Mitbestimmungsmodelle im Geschoßbau vorstellbar.

Davon unabhängig wurde aber auch das Grundkonzept »Highrise of Homes« so in Mißkredit gebracht, daß es für zwanzig Jahre – bis zur Wiederentdeckung von S. I. T. E. – in einen tiefen Schlaf fiel. Dabei könnte der höchst unzureichend realisierte Gedanke Fribergers – theoretisch – durchaus ökonomisch zwischen den unausweichlichen Provisorien der akuten Wohnungsmisere und einer aufwendigeren Fortschreibung danach vermitteln. Vorausgesetzt, die Tragstruktur wäre intelligenter als in Göteborg. Erinnert sei zum Beispiel in diesem Zusammenhang auch an das Projekt eines »Häuserhauses« von Peter Stürzebecher und Birgit Vorndamme, das anders als das »Wohnregal« in Berlin-Kreuzberg zumindest auf der letzten Ebene formal autonome Einfamilienhäuser addiert (1989). Oder an die fünfzig für die Lassallestraße in Wien konzipierte selbstbestimmten Wohnungen von Coop Himmelblau (1983).

Aber beim Göteborger Modellprojekt geht es nicht nur um als Maisonette konzipierte Halbfertigwohnungen mit gewissen Nutzungs- und Umnutzungsvorteilen – das könnte jedes Loft hinter gleichförmigen Industriefassaden auch bieten –, sondern ausdrücklich auch um die formale Identität des eigenen Hauses. Die umgebende Gebäudestruktur hat dabei als bloßes Tragwerk lediglich statisch dienende Funktionen und darf auf keinen Fall das einzelne Grundstück architektonisch dominieren, wie dies eben von Le Corbusiers Unité d'Habitation bis zu dem genannten Projekt von Coop Himmelblau in aller Regel der Fall ist.

Wieweit dieser Gesichtspunkt von Erik Friberger ausdrücklich beabsichtigt war, ist nicht mehr zu klären. Tatsache ist jedoch, daß seine Geschoßgrundstücke formal autonome Einfamilienhäuser tragen, die neben ihren individuellen Grundrissen und Fassaden auch das eigene Dach zeigen. Aber die im Abstand von wenig mehr als einem Geschoß aufeinanderfolgenden Regalgrundstücke lassen wenig Spielraum für architektonische Individualität – ganz im Gegensatz zu den im Vergleich dazu herrschaftlichen Grundstückshöhen bei S. I. T. E. Hier wachsen noch auf den Terrassen im Obergeschoß der einzelnen Häuser üppige Bäume auf den künstlichen Betonhimmel zu – wohl etwas am Rande der Realität. Zum anderen handelt es sich in Göteborg nicht um herrschaftliche Villen, sondern um »die Sparversion des Modells Highrise of Homes«. Die verwendeten Holzhäuser ähneln sich doch sehr, trotz verschiedener Farbgebungen und trotz variierter Fensterzuschnitte. Außerdem fehlen zwei entscheidende Variationsmöglichkeiten in Göteborg völlig – was dem Architekten allerdings am allerwenigsten anzulasten ist. Entgegen der erklärten Absicht Fribergers wurden alle Häuser von Anfang an voll ausgebaut – schließlich drängten sich 300 Interessenten. Die Begrünung scheiterte am Mut der Baufirma, eine hinreichende Erdschicht aufzubringen, aber auch an der Eigeninitiative der Bewohner (vereinzelte Pflanzversuche in Einzelbehältern sind an den klimatischen Verhältnissen längst gescheitert). Angesichts der damit verbliebenen Banalität einer Parkhausstruktur mit darin mühsam abgestellten, fast als Typenhäuser auftretenden Einfamilienhäusern schwindet die Kategorie Architektur zusehends auf die Größe einer techni-

7 Wohnregal von 1909
(aus: »Life«). Der Ab-
stand der Böden erlaubt
es, mit Doppeldeckern
hindurchzufliegen ...

8 Sparmodell des
»Highrise of Homes«-
Gedankens von S.I.T.E.

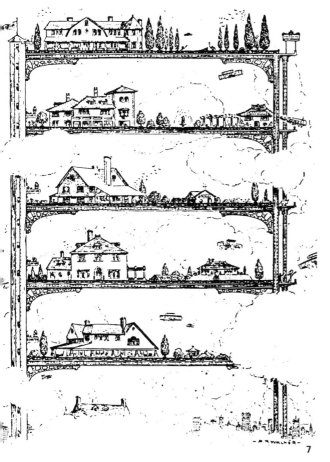

7

8

schen Verwaltung von Einzelinteressen. Das Manifest für den Bewohner entpuppte sich unvermutet als die Reduzierung der Architektur auf die Ebene einer Geschoßdecke.

Je üppiger eine Idee illustriert wird, desto glaubhafter wird sie zweifellos. So haben die amerikanischen Betreiber der Idee noch weit ältere Visionen dieses Wunschtraums aufgespürt, wenn auch nur als utopische Wunschgebilde. Die Zeitschrift Life veröffentlichte im Jahr 1909 ein Wohnregal mit 84 Böden, so dimensioniert, daß der private Himmel unterhalb der Konstruktion sogar Flugverkehr aufnehmen konnte. Die kleinen und großen Mängel in Göteborg sind dagegen erfrischend authentisch. Vom Traum eines eigenen Grundstücks blieb in den meisten Fällen nur ein unhandlicher Balkon – schmal, aber unendlich lang. Die an der Fassade offenen Treppenhäuser fungieren zwangsläufig als Fluchtwege und gebärden sich – wie alle anderen Zubringer in Zweispännern auch – als Einfaltspinsel. Die Wohnungstür bleibt Wohnungstür, das »Haus« dahinter ist nicht einmal zu ahnen. Jedes Podest erschließt, Fußmatte an Fußmatte, zwei Wohneinheiten.

Mehr Privatheit versprechen da offenbar diverse Schamwände, die sich, zwischen den Häusern nachträglich angebracht, sogar wagemutig weit über die Brüstung hinauslehnen. Einzelne Antennen, Lüftungsstutzen, die Fallrohre, aber auch die Abwasserrohre der Häuser (sichtbar zwischen Dach und Decke), die ökonomisch kurze Stützenfolge... – all das dokumentiert eine Dürftigkeit, die dem gesetzten Ziel von mehr Privatheit plus Stadt nicht angemessen ist.

Aus dem Scheitern der »Luxury condominiums« in der Praxis hat die Gruppe S. I. T. E. inzwischen Konsequenzen gezogen und bietet ebenfalls ein Sparmodell an. Es verzichtet ganz auf frei formulierte Hausdächer und zeigt in einer fixierten, der üblichen Stapelware sehr angepaßten Gebäudestruktur in Richtung Straße lediglich aufgesetzte Verbrämungen und Attrappen: Dachansätze, Gauben, scheinbar reich variierte Fassaden vor genormtem, schmalem Hauszuschnitt. Dabei kommt es zu einer weiteren Kapriole der Idee »Highrise of Homes«. Die Reihung der Kataloghäuser Wand an Wand läßt in dem geplanten »Theater« nur noch eine Fassade frei auftreten. Diese ist nach dem Drehbuch des Stücks gezwungen, ein Haus zu spielen – samt Haustür, Klingel und Vorgarten.

Funktional handelt es sich jedoch hier um die Gartenseite mit dem einzigen vorhandenen Freiraum. Die echten Erschließungswege verlaufen auf der Rückseite – vermutlich ähnlich traurig wie in Göteborg.

Es scheint, die überzeugendsten Grundstücke liegen immer noch ganz oben. Auf Penthouse-Niveau. Unter dem authentischen Himmel. Vermutlich werden die Etagengrundstücke von Erik Friberger in Göteborg-Kallebäck die wenig beachtete Einzigartigkeit ihrer Konzeption für lange Zeit weiter für sich in Anspruch nehmen können.

Architekt: Erik Friberger, Göteborg
Baujahr: 1960
Wiederbesuch: 1990

Monika Geßl

Leben und leben lassen

Freistaat Christiania in Kopenhagen

1 Christiania, die Oase mitten in Dänemarks Hauptstadt, wurde 1971 auf alten Wallanlagen gegründet.

»Mit dem Flächennutzungsplan soll gesichert werden, daß die Bevölkerung Kopenhagens Teile des Geländes in höherem Maße zu rekreativen Zwecken nutzen kann.«

So lautet die Begründung des Flächennutzungsbeschlusses für ein etwa 34 Hektar großes Gebiet an den historischen Wallanlagen im Zentrum Kopenhagens: das Gelände des Freistaates Christiania – für die einen Schandfleck, für die anderen Aushängeschild des liberalen dänischen Staates. Die bürokratische Direktive scheint die Bewohner Christianias gegenwärtig wieder munter zu machen, denn es geht darin um die Zukunft ihres Freiraums.

Die Geschichte beginnt 1971, als eine Gruppe Kopenhagener unzufrieden mit ihrer Wohnsituation buchstäblich auf die Barrikaden geht und die Gebäude des mitten in der Stadt situierten stillgelegten Militärgebiets besetzen, um sich ihren Traum vom gemeinschaftlichen Leben im Grünen zu erfüllen. Vergeblich versucht die Polizei, das Gebiet zu räumen, und die Angelegenheit wird zum Politikum. Nach einigen Verhandlun-

2, 3 Nomaden werden seßhaft: Die Kunst, aus Überresten der Wohlstandsgesellschaft Neues, Eigenes zu schaffen, ist in Christiania hoch entwickelt

gen deklariert man die Situation öffentlich als »soziales Experiment«, und die Christianiter erhalten das vorläufige Wohnrecht – bis nach Ausschreibung eines Ideenwettbewerbs eine passendere Nutzung für das Gelände gefunden werden soll.

Nach einem Regierungswechsel 1973 droht jedoch erneut die sofortige Räumung. In der Zwischenzeit haben die Bewohner ihren Freistaat organisiert: Oberstes Ziel war und ist die Selbstverwaltung. Jeder einzelne soll aktiv und direkt an allen Entscheidungen teilhaben. Die Gemeinschaftsversammlungen werden höchste Instanz.

Nach der Devise »Taten statt Worte« setzen die etwa eintausend Christianiter vieles in Gang: Sie gründen diverse Verwaltungsgruppen, um Ordnung in dieser anarchisch anmutenden Gesellschaftsform zu halten. Für die elementaren Bedürfnisse der Bewohner einer Stadt werden Läden und Dienstleistungen eröffnet, die Kinderbetreuung organisiert und Häuser gebaut. Der ökologische Gedanke zeigt sich im autofreien Staat auch in der Anwendung von regenerativen Energien.

Aus dem neuen Stadtgedanken entwickeln sich Freizeit- und Kulturangebote in Form von Cafés, Wirtshäusern, Theater und Kino. Christianias Musikhallen werden bald eine Anlaufstelle für internationale Konzertgrößen. In einer Art Öffentlichkeitsarbeit versucht man, die Akzeptanz für diese alternative Wohnform zu fördern und lädt die Kopenhagener Bevölkerung zu Informationsveranstaltungen, Festen und Führungen ein.

So kann die Räumung des Geländes im letzten Augenblick verhindert werden. Trotzdem hing die Zukunft des sozusagen unbeauftragten experimentellen Wohnungs- und Städtebauprojekts damals am seidenen Faden.

Um die »angemessene Nutzung« des Areals zu ermitteln, läßt die Regierung in den siebziger Jahren einen Plan für die künftige angemessene Nutzung des Gebiets ausarbeiten. Das Planungsbüro schlägt vor, Christiania als eine Versuchsstadt mit erweiterter Selbstbestimmung in Ruhe zu lassen. 1987 gibt es einen weiteren Plan zur Legalisierung Christianias. Ein Flächennutzungsplan wird aufgestellt, welcher eine rekreative Nutzung für den größten Teil des Geländes vorsieht. In einer Art Park sollten ein Museum, Café und andere Freizeitanlagen untergebracht und die alten Wallanlagen für Spaziergänger auf neuen Wegen zugänglich gemacht werden.

Im Klartext bedeutete das aber, daß mit dem Argument einer neuen innerstädtischen Erholungsmöglichkeit der überwiegende Teil der Selbstbauhäuser abgerissen, die Selbstverwaltung automatisch eingeschränkt und Einfluß auf die gewerblichen und kulturellen Aktivitäten genommen wurde. Zum Planentwurf gibt es zahlreiche Einwände, besonders was den Abriß der Selbstbauhäuser betrifft. Beide Seiten können sich mit einer sehr dehnbaren Klausel bezüglich des Zeitplans einigen. Während die Christianiter 1992 den 20. Geburtstag feierten, wurden die letzten Kleinigkeiten des abzuschließenden Rahmenvertrags erklärt. Der Vertrag hat eine jeweils einjährige Laufzeit, und seine Einhaltung wird vom Ministerium ständig begleitet und überprüft.

Offiziell wird der Staat auf diesem Wege legalisiert, doch der Vertrag hängt wie ein Damoklesschwert über der Zukunft der bunten Republik. Aber die Bewohner lassen sich nicht aufhalten. Als sie ihr »Ja« zum Rahmenplan gaben, präsentierten sie für Christiania einen internen »grünen Plan«. Darin geht es um die Verbesserung der Wohnsituation, den Ausbau der regenerativen Energien, die neue Gestaltung der Haupteinkaufsstraße und vieles mehr. Von denen, die damals das Experiment begannen, wohnen viele schon lange nicht mehr dort, aber der Traum von der Oase in der Stadt lebt von neuem auf.

Wiederbesuch: 1993

Rainer Stommer

Turm und Hochhaus

Torre Velasca in Mailand

»Die Torre Velasca verwirrt und irritiert; man kann … jedoch
nicht so ohne weiteres über sie hinweggehen.« So umschrieb
1961 der amerikanische Architekturkritiker G. E. Kidder Smith
in seiner Bestandsaufnahme »Moderne Architektur in Europa«
vorsichtig seine Stellungnahme zu einem der neuesten Hochhäuser in Mailand, die Torre Velasca, die 1956–1958 nach
einem Entwurf der Architektengruppe BBPR errichtet wurde.
    Selten hat ein Bauwerk solch unterschiedliche Bewertung
gefunden: Den dogmatischen Funktionalisten schien es ein
Verrat an den Prinzipien der Moderne und ein aktuelles
Beispiel für eklektizistische Tendenzen der regionalistischen
Architektur. Besonders in England wurde ein vernichtendes
Urteil über das Hochhaus gefällt, das offensichtlich sein Vorbild in mittelalterlichen Wehrtürmen hatte. In Deutschland
ist man verschämt darüber hinweggegangen. In Italien
dagegen wurde es als entscheidender Fortschritt in der
Entwicklung der Architektur gesehen.
    Die Torre Velasca ist heute aus dem Stadtbild Mailands
kaum noch wegzudenken und gehört neben dem Dom und
der Galleria Vittorio Emanuele zu den bekanntesten Gebäuden der Stadt. Aber auch die Mailänder, die Besucher, Nutzer
und Bewohner des Gebäudes äußern sich positiv. Inzwischen
hat sich in der Bewertung der architektonischen Qualitäten
durch Bauhistoriker und Architekten ebenfalls ein entscheidender Wandel vollzogen. Die Torre Velasca gilt heute als
gelungenes Beispiel für die Integration neuer Bauten und
Bautypen in die historisch gewachsene Stadt.
    Die Torre Velasca steht auf einem südlich vom Dom gelege-
nen Gelände von etwa 9000 m², dessen alte Wohnbebauung
1943 von einer Bombe zerstört wurde. Der ursprüngliche
Bebauungsplan sah in geschlossener Bauweise ein Bauvolu-

1 Inzwischen ange-
nommen: Die Torre
Velasca, in unmittelbarer
Nähe zum Mailänder
Dom, ist heute aus dem
Stadtbild gar nicht
mehr wegzudenken

men von etwa 143 000 m^3 vor, das sich in gestaffelten Baumassen bis zu 32 m Höhe entwickeln sollte.

In Übereinstimmung mit dem Bauherrn schlug BBPR anstelle der Blockbebauung die Errichtung eines Hochhauses vor, das in der Mitte des Bauplatzes abseits der beiden flankierenden Straßen geplant war. Zwei niedrigere Gebäude von 21,80 m bzw. 31 m Höhe schließen das Hochhaus gegen die Hauptstraße ab und bilden im Inneren einen kleinen Platz, die Piazza Velasca. Inmitten dieses Platzes erhebt sich auf einer Grundfläche von 40×22,50 m die Torre Velasca mit 27 Stockwerken 87,50 m hoch. Bis zur Dachoberkante sind es 99 m. Insgesamt liegt das Bauvolumen 12 % unter den maximalen Vorgaben.

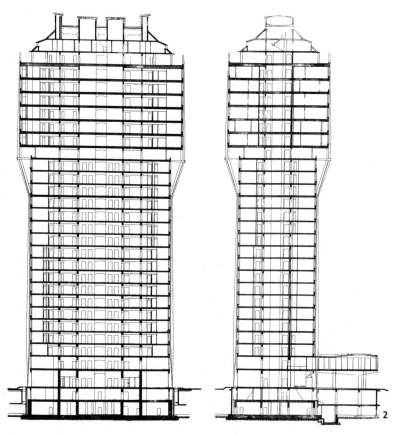

2

Die formale Gestaltung des Hochhauses ist maßgeblich durch die Auflage der Stadt bestimmt, über 50 % der Nutzfläche für Wohnzwecke vorzusehen.

Das Erdgeschoß ist für Ladennutzung vermietet. Darüber stapeln sich zehn Geschosse Büros. Im 11. bis 17. Geschoß sind Ateliers untergebracht, d. h. Büros mit integrierter Wohnung. Das 18. Geschoß nimmt die technischen Installationen für die Klimaanlage auf sowie Unterkünfte für das Servicepersonal und die Hausmeisterwohnung.

Vom 19. bis 24. Geschoß und in zwei Dachgeschossen befinden sich die eigentlichen Wohnungen mit zwei bis sieben Zimmern, Küche und Bad, jeweils mit Terrasse oder Veranda.

Diese sechs Wohngeschosse entsprechen dem oberen auskragenden Bauteil des Turms, der ihm seine signifikante Form verleiht. BBPR gibt als ästhetische Begründung für diese Gestaltung an, daß sie die Büros von den Wohnungen deutlich trennen wollten. Sie argumentierten auch damit, daß die für Büroetagen praktische Raumtiefe von 6 m für eine funktionale Einteilung bei Wohnungen ungeeignet ist und deshalb eine Erweiterung auf 9,50 m vorgenommen wurde. Die Grundfläche des Turms war durch den notwendigen Abstand zur umliegenden Bebauung nur beschränkt variierbar. Die Mailänder Bausatzung begrenzt die Bauhöhe auf 106 m, die Höhe der Türme des Mailänder Doms.

Eine durchgehende, einheitliche Gestaltung des Turms hätte zu noch größeren Abstrichen im Bauvolumen und damit zu einem geringeren Büroangebot geführt. Durch das ungewöhnliche Vorspringen des oberen Bauteils wurde somit eine Lösung gefunden, die eine ökonomische Nutzung garantiert und die Anlage eines Platzes vor dem Hochhaus ermöglicht.

Die Auskragung findet sich schon in den ersten Ideen für das Hochhaus, die ansonsten noch sehr deutlich amerikanische Vorbilder verraten wie etwa die Bauten von Skidmore, Owings und Merrill. Auch war von Anfang an vorgesehen, das Stützsystem nach außen zu legen, um in der Aufteilung des Innenraums völlig frei zu sein. Diese ersten Entwürfe sahen den Bau noch als Stahlskelettkonstruktion vor. Berechnungen ergaben aber, daß in Italien die Bauausführung in Stahlbeton 25 bis 30 % billiger sein würde.

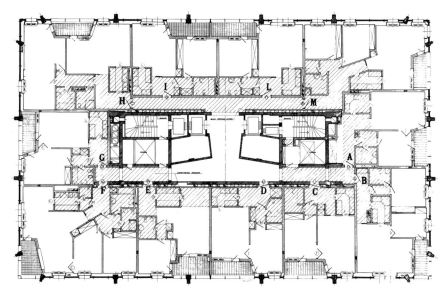

Wohnungsgeschoß

Bürogeschoß

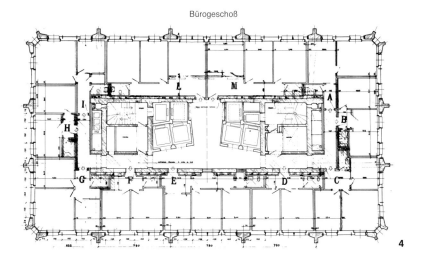

4

5

Die Entscheidung, das Gebäude als Stahlbetonkonstruktion auszuführen, hat maßgeblich zum Wandel in der formalen Gestaltung beigetragen. Aus den zahlreichen verschiedenen Varianten der Torre Velasca, die den Entwurfsprozeß von 1950 bis 1956 dokumentieren, läßt sich eine intensive Beschäftigung der Architekten mit den ästhetischen und konstruktiven Möglichkeiten des Stahlbetons ablesen.

Die Torre Velasca ist ein Hochhaus, in das sublim die Ikonographie des Turms von seinen mittelalterlichen Beispielen bis zu den frühen amerikanischen Wolkenkratzern einfließt und das einen Kompromiß zwischen der Bodenspekulation und der sozialen Forderung nach der Lösung der Wohnungsfrage sucht. Diese Synthese aus den komplexen funktionalen Erfordernissen mit der Mailänder Tradition und den konstruktiven Möglichkeiten zeichnet die Qualität dieses Gebäudes auch heute noch unverändert aus.

Waren BBPR vom Ansatz her der übrigen europäischen Architektur ihrer Zeit um Jahre voraus, konnte die Torre Velasca auch später keine formale Nachfolge finden. Zu sehr ist das Gebäude von Mailand und seinem Stadtteil abhängig, in dem es heute auf eine merkwürdige Art sowohl mit Geschichte und Gegenwart der Stadt verbunden zu sein scheint. Im Gegensatz zu anderen modernen Gebäuden wird dieses Hochhaus akzeptiert, wozu die auch weiterhin bestehende Mischung von Büroräumen und Wohnungen beiträgt. Der Wunsch der Architekten, das Gebäude durch Farbgebung und natürliche Alterungserscheinungen in die Atmosphäre der Stadt zu integrieren, ist gelungen. Vielleicht auch, weil in der äußeren Erscheinung des unverkleideten Stahlbetonbaus die üblichen Probleme des Materials deutlich werden. Die zahlreichen Ausbesserungen an Stützen und Brüstungen stehen hier in durchaus wohltuendem Kontrast zur scheinbar unverletzlichen »coolness« moderner Fassadenelemente. Daß dies nicht längst hinter bunten Betonschutzanstrichen verschwunden ist, ist sicher dem italienischen Klima gutzuschreiben – auch dem sonstigen Umgang unserer italienischen Nachbarn mit diesen Dingen.

Architekten: BBPR, Mailand (Gian Luigi Banfi†,
Ludovico Barbiano di Belgiojoso,
Enrico Peressutti† und Ernesto Nathan Rogers†)
Bauzeit: 1956–1958
Wiederbesuch: 1993

Holger Fischer

Hotel-Zylinder

»Turm-Hotel« in Augsburg

Längst hat man sich in der ehrwürdigen Fuggerstadt an zwei
Wahrzeichen gewöhnt. Der bis aufs 12. Jahrhundert zurück-
gehende Perlachturm steht mit seinen 70 m inmitten der
mittelalterlichen Stadtstruktur. Doch jenseits der Bahngleise
hat der Reisende, der die Stadtlandschaften zwischen Stuttgart
und München lediglich im IC-Tempo wahrnimmt, längst ein
modernes Gegenstück zum historischen Perlachturm gefunden: den als »Maiskolben« bezeichneten, 118 m hohen
Hotelturm »Holiday Inn«, der inzwischen in die Nutzung
einer Schweizer Hotelkette übergegangen ist.

Der zu seiner Zeit höchste Hotelbau Europas verkörperte
den Fortschrittsgedanken der sechziger und beginnenden
siebziger Jahre, als das sportliche »schneller, höher, weiter«
sich auch auf die Architektur von Amerika bis Europa übertrug
und Hochhäuser wie Pilze aus dem Boden schossen. Und
wenn auch die Ähnlichkeit mit den beiden Türmen der von
Bertrand Goldberg entworfenen »Marina City« in Chicago ins
Auge fällt, so hat die Augsburger Variante doch ihre eigen-
ständige Qualität.

Die Entstehungsgeschichte

Das Hochhaus entstand 1971/72 in Verbindung mit der kurz
zuvor in Sichtbeton errichteten Kongreßhalle, die an die Stelle
des im Ersten Weltkrieg erbauten Konzert- und Theatersaals
des Ludwigsbaus trat. Kongreßgebäude und Hotel sollten
dabei mittels unterirdischer Fußgänger- und Versorgungswege
eine bauliche Einheit bilden. In dem Hochhaus entstanden
neben Ein- und Zwei-Zimmer-Appartements für die Hotelnut-
zung und Büroräumen auch sogenannte »Boarding-Apart-
ments« gleicher Größe, die bei hotelähnlichem Service länger-

2

1

85

fristig vermietet werden können. Außerdem wurde auf der Spitze des Turms eine damals fast unauffällige, 18 m hohe Antenne für Postzwecke montiert. Diese ersetzte man inzwischen durch eine Antenne von 40 m, die rot/weiß gestrichen dem Gebäude eine eigene Note gibt – ganz so, wie wenn der Maiskolben nun durch den Stiel leichter anzufassen wäre.

Da man in unmittelbarer Nähe des Wittelsbacher Parks, einem aufgrund seines alten Baumbestands und seiner Grünanlagen bedeutungsvollen Erholungsraum plante, und von Seiten der Bauherren eine hohe Nutzfläche von etwa 27 000 m² gewünscht wurde, strebte man anstelle einer Reihe von flachen Bauten einen Turm an. Dessen Vorteil sah man in einem äußerst geringen Anteil an Erschließungs- und Nebenraumflächen. Darüber hinaus war vorgesehen, daß bei Bedarf später einmal weitere Hochhäuser gleicher Gestaltung hinzukommen sollten.

So wurde auch der Wunsch des Bauherrn nach einem ähnlichen Gebäude wie dem in Chicago von den beauftragten Augsburger Architekten Brockel & Müller mit Interesse aufgegriffen, zumal sich in der Marina City eine entsprechende Nutzung befand, wie sie für den Augsburger Hotelturm vorgesehen war, und es sich um »die faszinierendsten Gebäudekomplexe handelte, die man damals gekannt hat«, so Architekt Reinhard Brockel heute.

Das Hotel heute

In dem konstruktiv tragenden Kern befinden sich neben Serviceräumen und zwei Nottreppenhäusern aus vorgefertigten Elementen vor allem sechs verschiedene Aufzüge: Zwei für den Hotelbetrieb des 1. bis 17. Geschosses, zwei für die Wohnungen des 12. bis 33. Geschosses, einer für das Restaurant sowie ein Lastenaufzug. Um den Kern herum verläuft der auf das übliche Holiday-Inn-Maß von 6 Fuß d. h. 1,83 m ausgelegte Flur, der mäßlich somit der Größe des Modulors von Le Corbusier entspricht.

Betritt man nun eines der etwa 30 m² großen Appartements (von denen sich maximal 18 entsprechend der Zahl der Kreissegmente auf einer Ebene befinden), so setzt sich der negative Eindruck des dunkel wirkenden Ganges fort. Dunkel-

3 Das Hotelhochhaus
mit der Kongreßhalle
4 Grundrisse 35. OG
(Restaurant, oben)
und Normalgeschoß
(Hotelzimmer, unten),
M 1:500

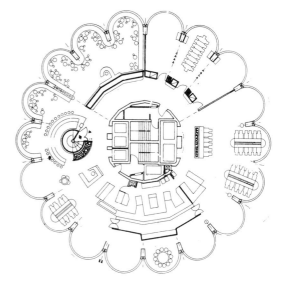

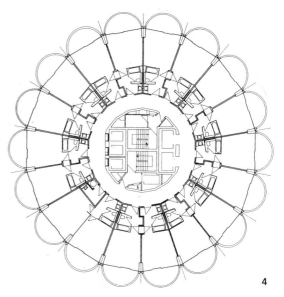

3

4

5 Schnitt, M 1 : 1000
6 Die Zusammen-
setzung der einzelnen
Fertigteile
7 Die halbrunden Bal-
kone geben dem Turm
seine charakteristische
Maiskolbenform

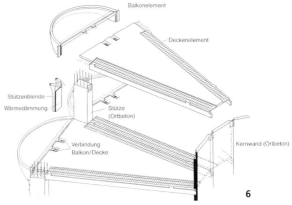

Balkonelement

Deckenelement

Stützenblende

Wärmedämmung

Stütze
(Ortbeton)

Verbindung
Balkon/Decke

Kernwand (Ortbeton)

6

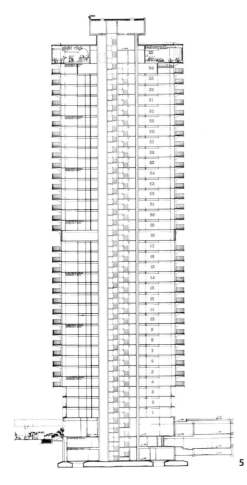

5

7

grün gestrichene Tapeten vermitteln ein beklemmendes Gefühl, dem die mit der (Torten-)Form des Grundrisses verbundene Absicht zuwiderläuft. Doch öffnet man die Gardinen, so kann man zwischen Sideboard und französischem Bett bereits die großzügige Erweiterung des Blickfelds nach außen in die Umgebung erahnen, die man schließlich beim Betreten des Balkons genießen kann.

Der negative Raumeindruck herrscht auch in dem im 35. Stock gelegenen Restaurant vor. Biedere Möblierung im verkitschten Nostalgie-Stil, dazu eine wieder einmal dunkelgrün gestrichene und somit erdrückend wirkende abgehängte Decke, lassen nicht erahnen, wie es hier in den siebziger Jahren ausgesehen hat. Der Züricher Architekt Justus Dahinden konzipierte eine Decke, von der Rohre verschiedener Länge herabhingen, und die dem Restaurant den Charakter einer roten Tropfsteinhöhle verliehen. Doch dieses »historische Dokument« (so Architekt Reinhard Brockel) hatte ebensowenig Bestand wie die Gestaltung des Eingangsbereichs mit seiner ehemals farblich reizvollen Gestaltung mit eingestellten Kiosken, an denen man auf dem Weg in die Konferenz- oder Gesellschaftsräume des Erdgeschosses, aber auch zu dem im Untergeschoß gelegenen Schwimmbad mit Sauna, vorbeischlendern konnte. Erhalten blieb jedoch das Kopfsteinpflaster der Hotelhalle.

Leider luden die Balkone der Aussichtsterrasse des 34. Stockwerks auch Selbstmörder ein, die das hier noch zusätzlich hochgezogene Geländer überkletterten. Deshalb wurde die Terrasse mittlerweile geschlossen.

Richtet man beim Verlassen des Hotelturms einen Blick zurück auf die Fassade, so fühlt man sich daran erinnert, wie der Architekt das Gebäude heute beschrieb: »Von der Substanz herausgehöhlt«. Nicht nur hat die Witterung an den Betonteilen genagt, sondern auch die unterschiedlichen Eigentümer und wohl auch Nutzer haben dem aufsehenerregenden Gebäude zumindest seinen inneren Charme geraubt.

Doch der Zugreisende nimmt diesen Mangel kaum wahr, sondern fühlt sich beim Anblick des »Turm-Hotels« (so lautet der neue Name) wieder einmal an das amerikanische Vorbild erinnert, denkt an Kopie oder gar Plagiat und vergißt dabei,

8 Das Restaurant, wie es Justus Dahinden 1972 eingerichtet hatte: eine »rote Grotte« mit Röhren an der Decke
9 Die Hotelhalle einst: ein zurückhaltender, ruhiger und klarer Raum

10 Das Restaurant heute: bürgerliche Gemütlichkeit mit Schicki-Micki-Touch. Nicht ganz verständlich ist die grüne Decke
11 Die Halle heute: Der Raum ist durch die vielen Pflanzen verstellt; die Halle läßt sich als Raum nicht mehr ablesen

10

11

daß viele der hochgelobten Entwürfe der modernen Architektur (von der Postmoderne bis zum Dekonstruktivismus) auf einer Zusammensetzung von sogenannten »Zitaten« beruhen. Ob da nicht zweierlei Maß angelegt wird, zumal der Augsburger Hotelturm in seiner äußeren Gestaltung konsequenter ist als der in Chicago, wo die unteren Geschosse als Parkdecks ausgebildet sind, dabei keine halbkreisförmigen Vorsätze aufweisen und so das harmonische wie faszinierende Gesamtbild des Gebäudes eher stören.

Architekten: Reinhard Brockel, Erich Müller, Augsburg
Mitarbeiter: Klaus Schultze
Innenarchitekt (Restaurant): Justus Dahinden, Zürich
Baujahr: 1971/72
Wiederbesuch: 1991

Ursula Baus

Elegantes Ensemble
Bettenhaus des Hotels Prinz Carl in Buchen

Buchen ist ein romantischer Ort im Odenwald mit gut erhal-
tener und sorgsam gepflegter Bausubstanz – umgeben von
einer kleinen Gewerbezone und den üblichen Einfamilien-
haus-Gebieten.

Für einen Gast ist das erste Haus am Platz das Hotel Prinz
Carl, weit über den Odenwald ob seiner guten Küche und
liebenswerten Gastlichkeit bekannt, die man jenseits pom-
pösen Getues genießen kann.

Das Haupthaus des Prinz Carl stammt aus dem 16. Jahrhundert. Rechts davon fällt, nicht unmittelbar angebaut, sondern
als freistehender Baukörper danebengestellt, das »Bettenhaus« des Hotels ins Auge: eine merkwürdige Mischung aus
Anpassung und Eigenwilligkeit, die neugierig macht. Wer
indes ein wenig in der Baugeschichte des 20. Jahrhunderts
bewandert ist, sieht gleich: Der Hotelanbau gleicht in Konstruktion und Detail sehr dem Wohnhaus des Architekten
Egon Eiermann in Baden-Baden, das er 1959–1962 gebaut
hatte. Der Anbau an den Prinz Carl stammt aus den Jahren
1962 bis 1967 – und natürlich von Egon Eiermann.

Familie und Freundschaften brachten die Verbindung nach
Buchen mit sich. Egon Eiermanns Vater, der Lokomotivkon-
strukteur Wilhelm Eiermann, war in Buchen geboren, das der
1904 geborene Sohn Egon aus Kindertagen kannte. Die Familie zog nach Berlin, wo Egon zur Schule ging, u. a. bei Poelzig
Architektur studierte und seine ersten praktischen Erfahrungen als Architekt sammelte. In der Herrschaftszeit der Natio-
nalsozialisten verlagerte sich Eiermanns Interesse auf den
Industriebau – Rudolf Hillebrecht meint 1970 zu dieser Entwicklung: »Die Zeitumstände und insbesondere seine politische Haltung diesen gegenüber ließen Eiermann während der
dreißiger Jahre auf den Industriebau ›ausweichen‹, dessen

1 Das Bettenhaus des
»Prinz Carl«, Aufnahme
aus den sechziger
Jahren
2 Lageplan, etwa
M 1:3000

1

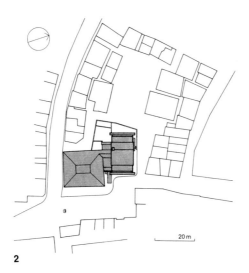

20 m

2

94

starke Funktionsbindung in der Stellung der Bauaufgaben ihm nur willkommen war«.[1] Daneben hatte Eiermann aber in Berlin eine Reihe von Wohnhäusern bauen können, der reine Industriearchitekt war er keineswegs.

Nach dem Krieg – die Existenz des jungen Eiermann in Berlin lag in Schutt und Asche – schlug er sich bis nach Buchen durch und blieb dort eine Weile. 1946 gründete er eine Bürogemeinschaft mit Rudolf Hilgers in Mosbach im Odenwald und baute in den nächsten Jahren Siedlungen für Siedlernotgemeinschaften in Buchen und Hettingen. Er war häufiger Gast der Familie Ehrhardt, der damals bereits der Prinz Carl gehörte – welche Verdienste sie sich in den letzten Jahrzehnten um den Erhalt des Anbaus aus den frühen sechziger Jahren erworben hat, kann man kaum ermessen.

Als die Hoteliers Ende der fünfziger Jahre den Entschluß faßten, einen Bettenbau neben dem bestehenden Hotel zu errichten, hatte Eiermann soeben die Gedächtniskirche in Berlin gebaut, bereits vor Jahren seine Professur in Karlsruhe erhalten, schließlich ab 1958 das Haus des Grafen Hardenberg gebaut und sich jüngst sein eigenes Wohnhaus in Baden-Baden geleistet. Er war ein angesehener Architekt. Neben Wettbewerben fand er Zeit für den Entwurf des Hotels, für den er den befreundeten Hotelbesitzern in Buchen jedoch kein Honorar in Rechnung stellte. Natürlich wurde der Bau teurer als vorgesehen, aber es zählte offenbar, wie zufrieden die Bauherren mit dem Anbau waren – sie sind es noch heute. Wie lebhaft das Haus seinerzeit geplant wurde, kann man sich gut vorstellen, wenn man den Erzählungen des Hoteleigentümers heute zuhört. Die Ausstrahlung, die Eiermann besaß, wirkte sich auch auf seinen Bauherrn aus, auf den der Funke der Bauleidenschaft übersprang: Noch heute schwärmt er davon, wie man gemeinsam plante, Details überlegte, über Materialien diskutierte und nach einem zeitgemäßen Erscheinungsbild suchte.

In alter Umgebung

In den Erstveröffentlichungen des Hotels findet man allenfalls einen Hinweis auf das Herzstück des Prinz Carl, das Stammhaus aus dem 16. Jahrhundert. Die Fotos von Horstheinz Neu-

[1] Aus einer Rede anläßlich der Verleihung des Ordens »Pour le Mérite für Wissenschaft und Künste«, zit. nach Schirmer, Wulf (Hrsg.), Egon Eiermann, 1904–1970, Bauten und Projekte, Stuttgart 1984, Seite 18

3   1993: Bis ins Detail
ist der Anbau aus
den sechziger Jahren
erhalten

endorff, der »Hoffotograf« Eiermanns war, zeigen die Bezüge zum Altbau kaum. Das ist bemerkenswert, denn der Prinz Carl verdankt diesem Neben- und Miteinander von Alt und Neu manchen Reiz: Zum Frühstücken und Essen begibt man sich beispielsweise in den behaglichen, alten Gastraum, der altehrwürdig und mit dem Anspruch langer Tradition daherkommt. Innenräumlich erlebt man wohl den Übergang vom Alt- zum Neubau, doch nicht dramatisch inszeniert, sondern eher beiläufig.

Außen fällt der Kontrast stärker ins Auge. Empfangen und eingenommen wird man vom Stammhaus: Der stattliche Bau mit sieben Fensterachsen und einer Terrasse zu einer kleinen, platzartigen Straßenerweiterung hin wirkt repräsentativ und einladend.

Daneben erscheint der leicht zurückgesetzte, deutlich höhere Anbau genau als das, was er ist: sekundär, ein zwar komfortables, aber nicht Aufmerksamkeit erheischendes Bettenhaus. Sein Dach aus dunklem und im Abschnitt des Sonnenschutzes aus hellem Wellasbestzement fiel im Neubau bedeutend höher als im Altbau aus, weil hier noch Gastzimmer im Dachgeschoß vorzusehen waren. Das dunkle, im Sonnenschutzabschnitt helle Grau nimmt kaum Bezüge zur Umgebung auf – und ist im übrigen mit dem Haus in Baden-Baden identisch. Auch das Stangennetz an der Fassade – wiederum ein Teil, das am Baden-Badener Haus auftritt – nimmt keine bewußten Bezüge zur Fassadenstruktur der Nachbarhäuser auf.

Eiermanns Entwurfsansatz war nicht die Anpassung an die Umgebung. Und doch hat man den Eindruck, daß der Bau hierher gehört. Die Stangenstruktur an der Fassade und die für Topfpflanzen vorgesehenen Pseudobalkone des Bettenbaus beispielsweise vertragen sich mit der alten Bausubstanz Buchens erstaunlich gut. Der Kleinteiligkeit dieser Zone zwischen Straßenraum und Baukörper ist zu verdanken, daß der doch recht hohe Baukörper des Neubaus nicht aufdringlich oder unnahbar wirkt.

Das Thema »Alt und Neu« stand in den damaligen Architekturdebatten jedoch nicht an so wichtiger Stelle wie heute. Der Denkmalschutz erhielt erst ab Mitte der siebziger Jahre als Reaktion auf die katastrophalen »Flächensanierungen« in

3

4

deutschen Städten jene Bedeutung, die ihm heute beigemes-
sen wird. Anfang der sechziger Jahre kümmerte sich auch
Egon Eiermann nicht über Gebühr um den Dialog zwischen
Alt und Neu. Im Gegenteil: Eiermann war kompromißloser
Neuerer, leidenschaftlich auf der Suche nach Zeitgemäßem
und dem Wandel überkommener Strukturen. Gleichwohl
kann man seine Einstellung nicht als rücksichtslos bezeichnen.
Über den Verbrauch unbebauter Landschaft meinte er beispielsweise: »Bauen ist im Grunde eine entsetzliche Sache,
weil wir Gottes schöne Natur ramponieren.«

Ein völlig neues Haus

Beim Einfügen eines Neubaus in einen gebauten Kontext war
Eiermann selbstbewußt, und der Vergleich des Hotels Prinz
Carl mit dem zuvor gebauten, bereits angesprochenen Wohn-
haus Eiermanns zeigt dies nur zu gut. Letzteres steht in freier

5

Landschaft und darf als eigenes Wohnhaus des Architekten
wie ein gebautes Programm angesehen werden. Man begeg-
net den gleichen Baustoffen und »Markenzeichen« Eiermann-
scher Architektur wie im Hotel in Buchen: Die Wände sind aus
Ziegelmauerwerk, das anschließend verputzt wurde.

Umgänge und Loggien mit vorgehängten Stangen prägen
hier wie dort das Erscheinungsbild. Bereits 1959 war dieses
Motiv beim Entwurf für den SDR aufgetreten, 1952/53 war es
beim Reutlinger Warenhaus zum ersten Mal zu begutachten.
Eiermann sah viele Vorzüge in dieser Zone zwischen innen
und außen: Insbesondere feststehende Fenster seien einfach
zu reinigen, die Fassade könne ohne Gerüst und Außenaufzug
kontrolliert und ausgebessert werden; die Hitzeeinstrahlung
falle nur gering aus, ein ausgezeichneter Sonnenschutz sei
gewährleistet, und schließlich setze der Schlagregen der Fassade nicht so zu. Beim Prinz Carl ist diese Mischung aus
großer Fensterbank und Balkon allerdings offiziell nicht be-

gehbar – allenfalls, um die Blumentöpfe in die Aussparungen hineinzusetzen oder zu gießen.

Der heutige Zustand der Bausubstanz bestätigt einmal mehr, daß ein schlüssiges, konstruktives Konzept die Bausubstanz hervorragend schützt.

Der Dachstuhl und alle weiteren Holzteile wie Bodenbeläge in den Zimmern, Einbauschränke und Fensterrahmen sind in Baden-Baden und Buchen aus roter Oregon Pine – ein strapazierfähiges Holz. Im Prinz Carl hinterließ jedoch die Generation der Pfennigabsätze ihre Spuren; sie stören nicht, sondern gehören zur »Patina« des Hauses wie das Holzwurmloch zum antiken Möbel.

Die Zimmerfenster, nahezu raumhohe Schiebefenster, bei denen ein Flügel mit Milchglas versehen ist, muten ebenso japanisch an wie die Flurfenster mit kleinteiliger, quadratischer Untergliederung. Tatsächlich kannte Eiermann japanische Architektur, sie hatte ihn nach eigenen Angaben stark beeindruckt.

Die Architekten legten natürlich die gesamte Innenraumgestaltung fest. Maßgeschreinerte Einbaumöbel in wohltuend großzügigen Vorräumen, ebenfalls großzügige Badezimmer, rundum mit kleinen grauen und schwarzen Fliesen ausgelegt, auf den Holzböden eigens entworfene Teppiche – alles fügt sich zu einem schlichten Interieur, durch und durch im Duktus der frühen sechziger Jahre.

Die Einrichtung ist nach Jahrzehnten noch gepflegt und bis auf die Vorhänge original erhalten. Gemütlich ist es hier nicht, und das mag im Laufe der Jahre den einen oder anderen Gast befremdet haben. Aber die Zimmer sind komfortabler als die allermeisten der neuen Hotelkettenstandards. Und wer der Pseudobehaglichkeit rustikaler oder biedermeierlicher Einrichtungsstile überdrüssig ist, gleichwohl weder übertrieben Schickes noch einfallsloses Serielles um sich mag, der wird die Zimmer des Prinz Carl als Rarität zu schätzen und zu genießen wissen. Das gilt für heute wie für die frühen sechziger Jahre. Drei Jahrzehnte später wirkt dieses, von den Hotelbesitzern unglaublich gut gepflegte und deshalb bis ins Detail erhaltene Ambiente aber bereits erlesen, weil man sich eindeutig in die Entstehungszeit zurückversetzt fühlt und die damalige Einstellung zum Wohnen – und wie der Vergleich mit dem Wohn-

6 Im Treppenhaus
wurde nichts verändert.
Weder Fenster noch
Treppengeländer muß-
ten erneuert werden

6

7

8

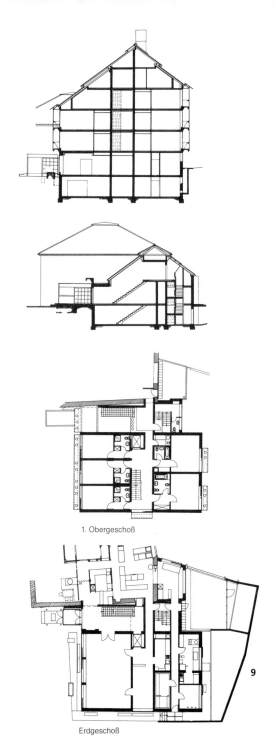

1. Obergeschoß

9

Erdgeschoß

haus Eiermann zeigt, ging es um nichts anderes – schon wie einen geschichtlichen Abschnitt empfindet. Eiermann hatte kein romantisches Gasthaus gebaut, sondern ein Bettenhaus mit praktischen, komfortablen und zugleich eleganten Zimmern. Es wäre schön, wenn dieses innen wie außen schlüssige Ensemble erhalten bliebe – und von kurzlebigem, modischem Hotelketteninterieur verschont werden könnte.

Bauherr: Familie Ehrhardt, Buchen
Architekt: Egon Eiermann
Mitarbeiter: Klaus Brunner, Rudolf Wiest, Roland Wächli, Imre Biro
Bauzeit: 1962–1967
Wiederbesuch: 1993

7 Graue und schwarze kleine Fliesen sind heute so elegant wie in den sechziger Jahren
8 Blick vom großzügigen Vorraum in ein Gastzimmer
9 Schnitte und Grundrisse, M 1:500

Christof Bodenbach

Einfaches Leben

Dominikanerkloster Sainte Marie de la Tourette

1   Das nötigste, was der Mensch zum Leben braucht: Tisch und Stuhl, Bett und Schrank bilden die karge Ausstattung einer Mönchszelle

1

Das Gesamtwerk von Le Corbusier, das heute immer noch ganzen Architektengenerationen als Vorbild dient, läßt sich in drei große Bereiche und ihre Schlüsselprojekte unterteilen: Das Wohnen, charakterisiert vor allem durch die Pariser Villen und die sechs Unités d'Habitation; die Repräsentation, für die Le Corbusier gleich eine ganze Hauptstadt, Chandigarh im indischen Punjab, baute und das Sakrale, das in der Spätphase seines Wirkens einen wichtigen Platz einnimmt.

2 Der steil abfallende
Hang bleibt vom mäch-
tigen Klosterbau fast
unberührt

2

Die Kapelle »Notre Dame du Haut« in Ronchamp
(1950 bis 1955) und das Kloster in Eveux sind weltberühmt;
beide gehen auf die Vermittlung des einflußreichen, für
die Moderne engagierten Dominikanerpaters Marie-Alain
Couturier zurück.

Das dritte religiöse Projekt Corbusiers, die Kirche Saint
Pierre in Firminy-Vert, fristet leider bis heute ein trauriges
Schicksal als halbfertige Ruine.

1953 erhielt Le Corbusier vom Provinzialkapitel der Dominikaner von Lyon den Auftrag für einen »Couvent d'études« auf dem Land: Er sollte »Männern, die sich dem Gebet und dem Studium weihen, ein Haus der Stille, eine Kirche, bauen«.

Die Häuser des 1215 gegründeten Reformordens haben ihren Ursprung in den Armenquartieren der Städte. Dort, unmittelbar am weltlichen Geschehen, konnten die weit über das Kontemplative hinausgehenden Maximen von Predigt, Verkündung und Mission, von Nächstenliebe durch Hilfe für die Zukurzgekommenen, verwirklicht werden.

Das Kloster von Eveux hingegen liegt ländlich-einsam, nordwestlich von Lyon an einem der Höhenzüge, hinter denen das Weinland des Beaujolais beginnt. Hier hatte sich nach dem Zweiten Weltkrieg die Ausbildungsstätte für die französischen Dominikaner in einem alten, mit der Zeit zu klein gewordenen Landgut angesiedelt. Hier bereiteten sich die Novizen in siebenjähriger Ausbildung auf das Priesteramt vor. Von hier aus gingen sie dann in die Stadtklöster. Nichts sollte vom Studium in Askese und Gebet ablenken: Le Corbusiers Aufgabe war also, ein Priesterseminar nach dem Vorbild alter monastischer Hochschulen zu entwerfen. Das Bauprogramm umfaßte neben der Kirche 100 Zellen für Professoren und Studierende, Unterrichts- und Gemeinschaftsräume, eine Bibliothek mit Lesesaal, eine Kapelle für die Studierenden, Refektorium, Kapitelsaal und Kreuzgang.

Le Corbusier, dessen Bauen ja immer eine missionarische Komponente, eine Idealvorstellung vom »Neuen Menschen« implizierte, und der selber eine Nähe zum asketischen, am Existenzminimum orientierten Leben der Mönche verspürte, nahm den Auftrag an. Er erinnerte sich an seinen Besuch der Kartause von Galluzzo im Jahr 1907, die ihn schon damals nachhaltig beeindruckte. Die Struktur dieses Klosters erschien ihm als die richtige Lösung für das Zusammenleben aller Menschen, vom Individuum bis zum Kollektiv. Corbusier konzentrierte sich auf die jahrhundertealten Grundregeln des Ordens und destillierte heraus, was ihm am einfachen Leben der Klosterbrüder wesentlich – und durchaus übertragbar auf das weltliche Wohnen – schien. (Wolfgang Pehnt bezeichnete die Unités einmal als »Wohnklöster«).

3   Die Zeit hat ihre
Spuren hinterlassen.
Die finanzielle Situation
des Klosters ließ keine
Nachbesserungen am
Beton zu

3

Le Corbusier und seine Mitarbeiter, allen voran der später als Komponist bekannt gewordene Yannis Xenakis, entwarfen für das steil abfallende Gelände ein maßgeschneidertes, einfach strukturiertes Geviert, das die umgebende Natur so unberührt wie möglich ließ: Die drei zusammenhängenden Trakte der Wohn-, Studier- und Gemeinschaftsräume umschließen den Innenhof im Süden, Osten und Westen. Den vierten, losgelösten Nordflügel bildet die mächtige Klosterkirche. Die klare Horizontale der Dachkante ist die Linie, von der aus sich der Komplex in fünf Geschossen nach unten entwickelt: In den beiden oberen Ebenen befinden sich die nach außen orientierten Zellen (das individuelle Leben), im Geschoß darunter liegen Bibliothek, Seminar- und Gemeinschaftsräume (das intellektuelle Leben), darunter Refektorium, Kapitelsaal und der Zugang zur Kirche (das religiöse Leben), ganz unten schließlich das Profane: Küche, Lager, Technik. Der komplexe Kreuzgang schafft Verbindungen, ist Wandelgang und Kommunikationszone. Mit Ausnahme der Kirche ist der größte Teil des Konvents aufgeständert; das abfallende Wiesengelände setzt sich unter dem Gebäude fort; die Erdschicht der Dächer ist gewollt durch Samenflug begrünt.

Die differenzierte Gestalt des eigentlichen Klosters mit seinen vielen Einzelformen (Treppenhaus, Studentenkapelle, Sprechzellen usw.) kontrastiert mit dem mächtigen, nur durch die Lichtkanonen der Krypta aufgelockerten Kirchenklotz, dessen gewaltige Betonwände den atemberaubenden Innenraum umschließen. »Der Beton trägt noch die Spuren der groben Schalung. Es gibt fast keine Lichtquellen ... in dieser Kirche, die von bewegender Schlichtheit ist und ein Gefühl des Schweigens und der Sammlung erzeugt.« (Le Corbusier)

Heute ist »La Tourette« durch den schwindenden Ordensnachwuchs kein »Couvent d'études« mehr. Nur noch zwanzig Brüder leben hier, von denen etwa die Hälfte auswärts soziale Aufgaben wahrnimmt. Aus dem hermetischen Konvent ist ein offenes Haus geworden; kirchliche und der Kirche nahestehende Organisationen veranstalten hier Seminare. Für Architekten ist das Kloster ein Wallfahrtsort: Die Bäume im Innenhof sind gewachsen, sonst hat sich wenig verändert. Da während der Bauzeit extrem gespart werden mußte, wurden inzwischen manche Nachbesserungen erforderlich; diese

4   In den ehemaligen
Unterrichtsräumen der
Novizen finden heute
Seminare und Tagungen
statt

4

haben jedoch selbst schon wieder Patina angesetzt.
Besucher mit etwas Zeit und nicht ausschließlich architektonischem Interesse sind gern gesehen: Um den Bau und seine einstige Funktion zu begreifen, sollte man dort wenigstens eine Nacht verbringen, an den Mahlzeiten im Refektorium teilnehmen und vielleicht sogar einen Gottesdienst besuchen (der leider, außer an hohen Feiertagen, im Kapitelsaal stattfindet).

Beim Durchstreifen des Konvents überwältigt der Einfallsreichtum des Architekten, beeindrucken die vielfältigen, die jeweilige »Funktion« unterstützenden Räume und die bis heute andauernde Präsenz und Gültigkeit der Architektur. Das Spektrum der mit knappsten Mitteln realisierten Details, meisterhafte Lichtführung und Materialverwendung, die kalkulierte Auswahl des jeweiligen Ausblicks faszinieren. Doch der übermächtige Eindruck täuscht nicht darüber hinweg, daß sich hier gegenwärtig manches verändert. Deutlich und bedrückend wird der Stillstand spürbar – schlimmer noch: der Rückschritt. Dieses Haus hat andere Zeiten erlebt. Die neue (Verlegenheits-)Lösung paßt ihm nicht. »La Tourette« ist zu einem erstarrten Monument seiner selbst geworden. Die Übriggebliebenen harren aus und sehnen die Rückkehr der Novizen herbei.

Architekt: Le Corbusier
Planung: ab 1952
Fertigstellung: 1961
Wiederbesuch: 1995

Alexandra Oettler

Für den Notfall

Nissenhütten

Der britische Erfinder P. N. Nissen stand Pate für den heute
ungewöhnlich klingenden Namen. Nissen entwickelte diese
Wellblechhütte in Form einer halbierten Tonne, die aus einfachen vorfabrizierten Teilen an Ort und Stelle zusammengefügt
werden kann. Sie wurde zuerst im militärischen Bereich
genutzt, so zum Beispiel für Unterkünfte, Lagerschuppen,
Notlazarette und ähnliches. Als Vorläufer der Nissenhütten
hatten die Engländer bereits in den vierziger Jahren des
19. Jahrhunderts Gebäude aus Blechteilen in Gebrauch, die
in den Kolonien mit wärmerem Klima, vor allem in Afrika,
aufgebaut wurden. Sie waren leicht und billig und also auch
leicht und billig zu transportieren.

In Deutschland kennt man die Nissenhütten aus der Nachkriegszeit, in der sie als Notunterkünfte dienten. Durch die
Bombenangriffe und den Einmarsch der Alliierten waren viele
deutsche Städte zerstört worden. Nach der Beschaffung von
Lebensmitteln war das sprichwörtliche »Dach überm Kopf«
zum vordringlichen Problem für die überlebende Bevölkerung
geworden. Neben den Großstädten Hamburg, Berlin, Dresden
und Frankfurt ist vor allem das Ruhrgebiet von Kriegszerstö-
rungen in heute nur noch schwer vorstellbaren Ausmaßen
betroffen gewesen. Dort waren zum Teil drei Viertel des
Wohnraums vernichtet. Die Wohnungsnot in den Städten
wurde dadurch verschärft, daß täglich neue Flüchtlinge ein-
trafen und viele Menschen, die sich im Krieg auf dem Land
in Sicherheit gebracht hatten, zurückkehrten.

Die Nissenhütte, als spezielle Form von Notunterkünften,
scheint eine Besonderheit der britisch besetzten Gebiete
gewesen zu sein. Das Ruhrgebiet stand unter britischer Mili-
tärverwaltung, und nach dem Kriegsende wurde zügig damit
begonnen, die Bevölkerung mit dem Nötigsten zu versorgen.

Die sogenannten Nissenhütten wurden in vorgefertigten Einzelteilen in großen Stückzahlen aus England importiert.

Einerseits waren die Menschen froh darüber, überhaupt eine Unterkunft zu haben; andererseits ist das Leben in diesen Behausungen recht hart gewesen: Auf einer Wohnfläche von vierzig Quadratmetern lebten meistens zwei Familien, oft waren bis zu zehn Personen zusammengedrängt. Obwohl die Außenhülle aus doppelwandigem Wellblech bestand, war die Wärmedämmung mangelhaft. Auch wenn im Winter geheizt wurde – was aus Kohlenmangel nicht immer möglich war –, herrschte im Inneren oft klirrende Kälte. In Zeitungsberichten über die große Kältewelle im Januar/Februar 1947 ist von 4 Grad in den Nissenbaracken die Rede. Unter diesen Bedingungen erlitten viele Menschen Erfrierungen oder bekamen eine lebensgefährliche Lungenentzündung. Im Sommer dagegen staute sich die Hitze unter dem Blech wie in einem Backofen; Fenster und Belüftungsrohre reichten kaum für einen frischen Durchzug.

Die Raumaufteilung variierte zwar, aber meistens waren die Nissenhütten in eine Wohnküche, zwei Schlafzimmer (d. h. für jede Familie eines), eine Speisekammer und einen Abstellraum gegliedert. Eine Unterkellerung gab es nicht, der Untergrund wurde höchstens betoniert. Manchmal gehörten rund 600 Quadratmeter Gartenland dazu, um Gemüseanbau auf eigenen Beeten zu ermöglichen und so der Nahrungsmittelknappheit zu begegnen.

Die Monatsmiete lag bei 10 bis 20 Mark, 3 Mark mußten für Strom bezahlt werden, und die Toilettenbenutzung – die Sanitäranlagen waren in separaten Baracken untergebracht – kostete nochmal 3 Mark. Das waren Summen, die für manchen, der im Krieg alles verloren hatte, kaum zu bezahlen waren. Aus Not gab es Diebstähle, »Kohlenklau« war an der Tagesordnung, und die sozialen Belastungen müssen in den überfüllten Notsiedlungen sehr hoch gewesen sein. Die Nissenhütten waren zahlreich. Es gibt zwar keine Gesamtzahlen, aber allein in Hamburg lebten 10 000 Personen in diesen Unterkünften.

In Unterlagen des britischen »War Office« aus den Jahren 1941 bis 1943 sind zwei Haupttypen beschrieben. Die eine Version war 16 Fuß, d. h. etwa 4,9 Meter breit, und die grö-

1 Notunterkünfte in
der Nachkriegszeit.
In den Nissenhütten
lebten auf vierzig
Quadratmetern bis zu
zehn Personen

1

2

ßere maß 24 Fuß (7,3 Meter) Breite. Die Notunterkünfte im
Nachkriegsdeutschland waren wohl vom 16-Fuß-Standardtyp.

Als wichtigste Materialien dienten Wellblech, Metallbänder
und Holzbalken. Eine zusätzliche Stabilisierung wurde durch
Zugseile erreicht. Die Länge der Nissenhütten war variabel.
Ihnen lag ein Modulsystem zugrunde, bei dem die Anzahl der
Joche, je nach Bedarf, beliebig erhöht werden konnte. Bei der
Standardversion betrug die Länge der Hütte sechs Joche. Die
Rahmenstruktur basierte auf gebogenen T-Stahlbändern mit
einem Radius von rund acht Fuß, die kurz über dem Fußboden
in einen Rahmen aus Holzbalken eingespannt waren. Der
Fußboden selbst wurde aus Beton gegossen, manchmal
mußte aber auch der nackte Erdboden ausreichen.

Die vorgekrümmten Wellblechstücke für die Innen- und
Außenverkleidung wurden mit Bolzen am Rahmen und mit
zusätzlichen Holzleisten befestigt. Als Wärmedämmung diente
lediglich die dazwischenliegende Luftschicht. In die Verscha-
lung konnten Löcher für einen Rauchabzug oder für Belüftungsrohre geschnitten werden. In die Vorder- und Rückseite
wurden normierte Fenster und Türen (auch Entlüftungsele-
mente) in ein Holzrahmensystem eingepaßt.

**3 Konstruktions-
prinzip der aus Eng-
land importierten
Nissenhütten**

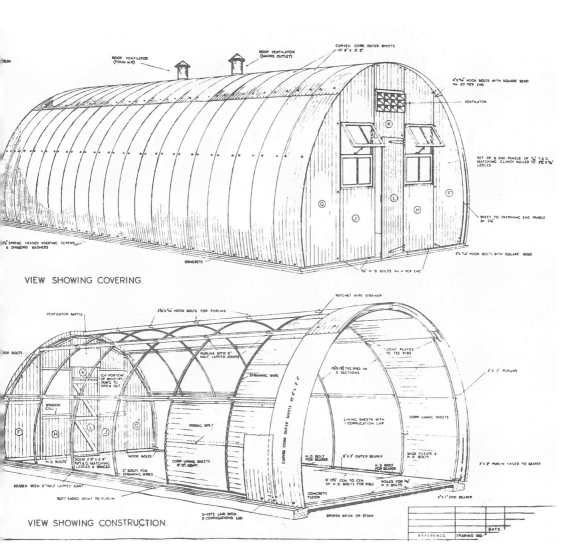

VIEW SHOWING COVERING.

VIEW SHOWING CONSTRUCTION.

Zur Grundausstattung für jede Hütte gehörten auch drei elektrische Lampen mit Schaltern. Natürlich entsprachen die Nissenhütten in der Zeit nach dem Krieg oft nicht ganz dieser Standardversion: Lieferschwierigkeiten wegen des hohen Bedarfs ließen die Leute erfinderisch werden. Oft wurden die Eingangs- und Rückwände auch aus Mauerwerk (aus Trümmersteinen, die es ja genügend gab) hochgezogen, oder sie waren mit Holzbrettern verschalt. Da der Wiederaufbau in Deutschland zügig voran ging, verschwanden die meisten Nissenhütten bereits Ende der vierziger Jahre. Sie waren auch nicht besonders haltbar, das Blechmaterial korrodierte, die Holzteile waren nicht witterungsbeständig, und die Bolzenverbindungen wurden locker. Einige dieser Notunterkünfte sollen aber noch 1955 als Wohnraum genutzt worden sein.

Wer sich heute eine authentische Nissenhütte aus der Nachkriegszeit ansehen will, kann dies im Grenzdurchgangslager Friedland tun. Dort konnte ein eingemottetes Exemplar unter fachlicher Betreuung des Göttinger Hochbauamts wieder aufgestellt werden. Andernorts, zum Beispiel 1984 in Lippe/Westfalen, kamen die Denkmalpfleger und Museumsleute zu spät. Das Wellblech der Außenhaut war an der Luft zu stark gerostet, um die Nissenhütte restaurieren oder konservieren zu können. Auch eine Translozierung ins Museum war nicht mehr möglich.

Wiederbesuch: 1995

Die Autoren

Christiane Meixner (Seite 11)
1966 in Köln geboren. Bis 1994 Studium Germanistik, Kunstgeschichte und Geschichte in Bonn. Arbeit für »Bonner Rundschau«, Inter Nationes, Bonner Stadtmagazin »Schnüss«,
»Kölnische Rundschau« und »Kölnischer Stadtanzeiger«.

Paulhans Peters (Seite 20)
1923 geboren. Architekturstudium an der TH Aachen, Promotion. Anstellung in der Industrie. Bis 1991 Chefredakteur des
»Baumeister«. Zwischendurch städtebauliche Planungen und
Beratungen. Mehrere Fachbücher. Zur Zeit unruhiger Rentner.

Gerhard Ullmann (Seite 31 und 53)
1935 in Teplitz (Böhmen) geboren. Studium der Malerei, Foto-
grafie und Architektur in Berlin; Architekturkritiker, Fotograf.
Zahlreiche Veröffentlichungen in der db und in anderen Fach-
zeitschriften und Zeitungen; Fotoausstellungen und Bücher.

Christoph Gunßer (Seite 38)
1963 in Holstein geboren. Bis 1987 Architekturstudium an der
Uni Stuttgart. 1988 Master of Architecture in den USA. Bis
1992 wissenschaftlicher Mitarbeiter am Institut für Städtebau,
Wohnungswesen und Landesplanung an der Uni Hannover.
Veröffentlichungen und Funkbeiträge zur Architektur.
Seit 1992 Redakteur der db.

Klaus J. Jürgensen (Seite 46)
1955 in Mühlheim geboren. 1974–77 Studium der Rechts-
und Wirtschaftswissenschaften. 1979–85 Architekturstudium
in Stuttgart und Paris. Dissertation: »Typische Stadtraum-
konzepte für Wohngebiete in England nach 1750«

Klaus Dieter Weiß (Seite 62)
1951 in Weimar geboren. Architekturstudium in München und Aachen. Danach Forschungs- und Lehrtätigkeit an der Universität Hannover. Freier Architekturkritiker und -publizist. Lebt in Minden.

Monika Geßl (Seite 72)
1967 in Osterhofen, Bayern, geboren. Architekturstudium in Regensburg. Freie Mitarbeit in verschiedenen Büros. Seit Anfang 1991 im Architekturbüro Bornebusch Tegnestue in Kopenhagen.

Rainer Stommer (Seite 76)
1949 in Dortmund geboren. Studium der Kunstgeschichte in Bochum, 1980 Promotion. 1982–87 wissenschaftlicher Mitarbeiter am Kunstgeschichtlichen Institut der Universität Marburg. Danach als freier Mitarbeiter für verschiedene Museen und Ausstellungen tätig (u. a. Kunstsammlung Nordrhein-Westfalen, Düsseldorf; Rheinisches Industriemuseum, Oberhausen). Seit 1993 als wissenschaftlicher Mitarbeiter bei der Berlinischen Galerie, Berlin.

Holger Fischer (Seite 84)
1959 in Eisenach geboren. Architekturstudium; 1986/87 Diplom an der FH Karlsruhe. Ab Mai 1987 Beschäftigung beim Stadtplanungsamt Karlsruhe. Seit 1983 freier Kulturkritiker (Architektur, Theater, Musik).

Ursula Baus (Seite 93)

1959 in Kaiserslautern geboren. 1977–78 Studium der Kunstgeschichte, Philosophie und Klassischen Archäologie in Saar-
brücken. 1978–84 Architekturstudium in Stuttgart und Paris;
Promotionsstipendium des Landes Baden-Württemberg.
Seit 1987 Redakteurin der db.

Christof Bodenbach (Seite 104)

1960 geboren. Schreinerlehre. Germanistik- und Innenarchi-
tekturstudium in Frankfurt und Wiesbaden. 1987–91 im Büro
Frank Huster, Neckartenzlingen/Wiesbaden. Seit 1991 in der
Fortbildung für Architekten, seit 1992 publizistisch tätig.

Alexandra Oettler (Seite 111)

1963 in Berlin geboren. Studium der Kunstgeschichte an der
Universität Stuttgart, Schwerpunkt Baugeschichte.
1994 Praktikantin in der db-Redaktion.

Bildnachweis

Christiane Meixner: Das andere Viertel
S. 11–19 (1, 3): Christoph Gunßer, Stuttgart;
(2): Büro Böhm, Köln; (4): Wilfried Dechau, Stuttgart

Paulhans Peters: Gut gemischt
S. 20–30 (1, 2, 5): Wilfried Dechau, Stuttgart;
(6, 8, 10): Friedrich Spengelin, Hannover

Gerhard Ullmann: Sozialistische Pracht?
S. 31–37 (1): Prospekt »Stalinallee«, Berlin;
(3, 4): Gerhard Ullmann, Berlin

Christoph Gunßer: Landbesetzung
S. 38–45 (1, 3, 6): Christoph Gunßer, Stuttgart

Klaus Jürgensen: Das Haus des Architekten
S. 46–52 (1, 4, 5): aus »Oswald Mathias Ungers
– Architektur 1951–90«, DVA 1991;
(2): Friedrich Bernstein, Düsseldorf

Gerhard Ullmann: Frühes Wohnbauexperiment
S. 53–61 (1, 4–8): Gerhard Ullmann, Berlin;
(3): aus Arch+

Klaus-Dieter Weiß: Highrise in Göteborg
S. 62–71 (1, 2): S.I.T.E., New York; (3–5):
Klaus-Dieter Weiß, Minden; (6): Archiv

Monika Geßl: Leben und leben lassen
S. 72–75 (2, 3): Ole Lykke, Kopenhagen

Rainer Stommer: Turm und Hochhaus
S. 76–83 (1, 3, 5): Antonio Martinelli, Paris

Holger Fischer: Hotel-Zylinder
S. 84–92 (1): Ignaz Hollay, Stuttgart;
(2): aus »Bauen + Wohnen« 9/87; (3): Stadt Augsburg;
(7, 8, 10): aus »Architektur + Wohnwelt« 8/73;
(9, 11): Holger Fischer, Würzburg

Ursula Baus: Elegantes Ensemble
S. 93–103 (1, 4, 6): Horstheinz Neuendorff/TH
Karlsruhe; (3, 5, 7, 8): Wilfried Dechau, Stuttgart

Christof Bodenbach: Einfaches Leben
S. 104–110 (1–4): Stefan Müller, Berlin/Samuel Zuder,
Dortmund

Alexandra Oettler: Für den Notfall
S. 111–116 (1–3): Historisches Museum, Hannover